LA LLAMA AZUL

E.D.M.

Experiencia después de la muerte.

2018. Fernández Mejías

Josemanudez@gmail.com

1. **Tapa blanda:** 145 páginas

2. **Editor: Independently published (26 de agosto de 2018)**

3. **Colección:** LA LLAMA AZUL

4. ISBN 10: 1719905096 ISBN 13: 9781719905091

PRÓLOGO

Nadie hizo algo tan especial por mí. Aquí me tienes maestro. Vengo a recoger el libro, nuestro libro, ese que te pedí que naciera del relato de mi experiencia; pero seguro que tremendamente más importante, del virtuosismo de tu buen hacer como escritor. Don Santiago Martínez; el gran erudito de las letras, el ameno y querido profesor; ese enamorado del amor y defensor de lo añejo y las ancestrales costumbres).

Don Santiago: Siempre vivirás en mis pensamientos porque en parte, tu legado está plasmado en esta obra. Excelso regalo que has entregado a la humanidad. Gracias de corazón por creer y revelar para mí, el utópico enigma sobre la continuidad de la energía mental en otro plano.

El resto de los humanos, que saquen sus propias conclusiones.

Te leeré mil veces; para que seas mi guía y preparar mi mente, para cuando se presente la natural y tan temida muerte del cuerpo. Mientras tanto intentaré con devoción disfrutar de las dádivas de la vida terrenal, formarme hasta el encuentro con el amanecer en el otro plano; ataviado con el carácter más digno, instruido, honrado y limpio que pueda. Mi querido amigo: nos enseñas a morir dignamente; sin temor; sin aspavientos. Convences de que la transición es algo tan normal como abandonar el caduco cuerpo biológico y que nuestro "Yo" mental; vaya a formar parte de la "Energía Cósmica".

Eximio doctor en filología Santiago Martínez:

Querido profesor, en tu cuerpo presente de exánime figura queda plasmado el rictus de la muerte, y en las facciones de tu rostro, un aire de serenidad; adornado por una mueca; estoy seguro que es la última de tus sonrisas para nosotros; la primera del encuentro con María, y la liberación de tu dolor.

Ahora te portaré a hombros como a un padre en el postrer paseo, hacia dónde se podrá leer tu epitafio. Acompañaré tu féretro a reunirse con los restos, porque tú ya vives en otro plano.

Ya sé, que tú alma está feliz, es el encuentro con aquella que esperaba tu llegada y que tú tanto añorabas.

Aquí, más que luctuoso es un día de regocijo. Las campanas de la Parroquia no tocan a difunto…, si no que repiquetean en un aleluya como tú deseabas. A través del tiempo, se sucederá por siempre, la liturgia de las reflexiones sobre tus sabias enseñanzas, y donde estás, formarás parte de la inmensa sabiduría. Serás por siempre la gran ayuda a los que padecen del temor a la muerte.

Tu llama azul será más brillante que nunca y descansarás en el regazo de María.

Muchas gracias, querido profesor.

Tú admirador y huérfano amigo:

Jorge González."

Índice

Día 20 de abril 2016.

Adormilado en el sofá, me asalta el estrepitoso sonido del teléfono. Confundido por el inesperado sobresalto, pido permiso a mi vieja y dolorida osamenta, (haciendo un esfuerzo que me parece titánico), descuelgo el auricular.

—Sí, dígame. — Hola, Santiago soy Jorge González. Perdona, ¿te cojo en mal momento? Te puedo llamar en otra ocasión. — (Le mentí mientras me situaba y tomaba aliento y le contesté…) —No, no te preocupes solo estaba absorto en mis cábalas. Jorge, me da alegría escuchar a mi alumno; hoy afamado ingeniero. —¿Cómo te encuentras Santiago? — Bueno, ahí vamos con los achaques de viejo, ya puedes suponer.

Es mi amigo Jorge González, alguien a quien conozco desde hace décadas. Me saluda con entusiasmo y me recuerda aquel curso, en el instituto La Rábida, en el que les daba clases de latín a él, y a su hermano gemelo. ¡Qué tiempos! Para mí, fueron estudiantes excepcionales; muy sociables y responsables.

Con una solemne voz, me dice:

—Don Santiago, necesito hablar con usted. Es a propósito de una extraña y extraordinaria experiencia que me ha ocurrido. Bueno…; ahora sin formalismos si me lo permite en tono coloquial: — Santiago, no se me ocurre otra persona más cualificada, adecuada y por supuesto de mí confianza, para que me pueda ejercer de confesor y aconsejar. En el caso que, a tu buen juicio lo creyeses lo suficientemente interesante pues… — Quedó callado unos instantes, para continuar aclarando:

—Santiago, vaya por delante. No pido un compromiso por tu parte…, de momento solo ruego que escuches, juzgues y decidas si esto merece algunas páginas de tu pluma; y claro, si te apeteciera en estos momentos tal cosa; te lo digo con cierto pudor y atrevimiento. —Jorge, tranquilo, sabes que estoy a tu entera disposición. Dime cuándo, dónde, y ahí estaré con monástica precisión. —Profesor. ¿Te parece bien mañana en mi casa sobre las ocho de la tarde? —Muy bien Jorge. —Santiago, mañana te puedo recoger y después de cenar tranquilamente   te cuento. —Por cierto, creo que necesitarás tu grabadora.

 Te adelanto que todo esto nace de un hecho extraordinario que me ha ocurrido y que, a mí humilde entender sobrepasa sobradamente los límites de la cotidianidad…; pero ello, lo podrás juzgar tú mismo.

—Muy bien Jorge, así quedamos; pero prefiero ir a tu casa a pie, necesito caminar. Encantado de saber de ti. — Hasta mañana Profesor. —Hasta mañana Jorge.

Interrumpo la comunicación en este prehistórico y pesado aparato telefónico de baquelita negra, disco giratorio y cable de algodón. No sé por qué, me encantan las antiguallas. Lo curioso es que conservo y busco siempre lo antiguo, quizá sea por un inconsciente deseo de anclarme en el pasado. Me siento de nuevo en el sofá. Iré a visitar a Jorge para ver en qué puedo ayudar, y que me saque de esta intriga. Siento el lógico interés no solo como escritor, sino también como amigo y antiguo alumno. Lo aprecio y me preocupa cualquier situación desagradable que le pueda estar ocurriendo.

Mi espera mientras transcurrió la noche y el día posterior, se me hizo larga e intrigante. Será también que la monotonía o la falta de ocupación hace que, en los viejos como yo; cualquier novedad o petición nos despierte del letargo de la rutina y sentirnos importantes, aunque sea con lo más nimio y más si se pide consejo y ayuda.

¿Qué misterioso tema es el que de tan solemne manera me quiere contar? De todas formas, intentaré ayudar en lo que pueda. ¡Es curioso, que haya sido un alumno con el cual haya conservado la amistad durante tantos años y para mi sorpresa…, me haya buscado para compartir su inquietud! Ha sido agradable haber recibido su amable llamada. En fin, no sabía de él, desde el día en que murió mi esposa hace   tres años. Recuerdo vagamente su rostro al darme el pésame. Quizás el shock en el que me encontraba, hizo que no le atendiera con la debida entereza. Sí, he estado demasiado abatido a lo largo de varios meses; creo que aún el duelo no ha desaparecido. En las semanas posteriores a su fallecimiento, caí en una gran confusión mental. Aquellos meses posteriores estuve sedado y han quedado en mí, algunas que otras crisis temporales de abatimiento psicológico. Esto hace que tome medicamentos para mí terrible enfermedad y otras tomas añadidas de píldoras antidepresivas; para así mitigar los invasores deseos de suicidio. Estoy traumatizado y muerto en vida por causa de esta cruel pérdida.

 No sé qué es peor…, si una enfermedad del cuerpo o una de la mente. Al fin o al cabo las dos acaban con el humano...

En fin, sorpresa para mí; creía que se habían olvidado del ermitaño en el que me he convertido.

Día 21 de abril de 2016.

Terminamos de cenar y nos sentamos a hablar detenidamente de aquel hasta entonces para mí tan enigmático tema. Jorge comenzó la conversación después de haberme servido un café y una copa de brandy. Acomodados en confortables sillones de cuero negro, Rebeca, Jorge, yo y un perro bóxer muy cariñoso , que está tumbado a los pies de su amo. Rocky, así le nombran.

El salón está alumbrado por una sola lámpara de pie y su amarilla y cálida luz baña tímidamente la zona en la que estamos. Hacia una esquina del amplio salón un antiguo giradiscos *Thorents*, deja en la estancia la suave melodía de una pieza de jazz, adornada con las nostálgicas notas de un saxo bajo. Sí, el ambiente es el soñado para enfrascarse en la intrigante exposición que me va a hacer. Todo lo presencia Rebeca, que así se llama la pareja de Jorge, una mujer que yo no conocí hasta hoy.

Ella toma la ventaja sobre Jorge y pone de nuevo café en mí taza, noto que es una mujer muy cercana, familiar y sencilla. Coloco mi grabadora sobre la mesa con el rito de un avezado escritor..., o sea la ocupación…, a lo que humildemente me dedico en esta etapa de mi vida, (por cierto, con tímido éxito). En fin, nada más que una ayuda que no me permite vivir económicamente solo de esto; pero no importa...; soy un ocioso profesor jubilado y tengo mi pensión desde hace muchos años. La escritura de mis novelas acompaña los tristes momentos de deprimente soledad…

En fin, nuestra conversación se prolongó hasta entrada la medianoche.

Me despedí de Rebeca, dándole mis más sinceras gracias por toda la atención y las excelencias de su buen hacer en la cocina. Jorge se obstinó en llevarme en su auto hasta mi casa, aunque muy cerca de su domicilio hay una parada de taxis.

Yo, hace años que desistí de conducir…

Día 22 de abril de 2016.

Jorge me transmitió en estos últimos días, que después de aquella experiencia, ("a priori" increíble y fantasmagórica para cualquiera) por si solo; se siente incapaz de divulgar "este fenómeno"; pero moralmente…Siente el deber de compartir con los demás, tal como le había encargado aquel "ángel".

 Quedamos en el acuerdo: en que yo escribiría la historia, involucrando en ella, parte de mi biografía y mi forma de entender el episodio que Jorge me transmite. Me ayudo con la grabación más unas hojas manuscritas de su puño y letra. (Estas últimas, las llevaré al papel tal cual, ya que fueron sus íntimas sensaciones como protagonista en el llámese "tránsito post colapso").

 Personalmente pienso que, ante aquel episodio tan estresante, el agudo dolor inherente al infarto, así como la confusión "in extremis" de lo real e irreal, haya mediatizado su percepción en la trágica situación sentida en ese momento. Su sorprendente relato; despierta en mí un repentino interés por aquel tema aparcado durante mucho tiempo en mi subconsciente.

Cierto que en cualquier manifestación que se hagan en ciertos foros sobre estos controvertidos temas de experiencias post mortem; sin lugar a dudas, ahí nos vamos a topar con gruesos muros de incredulidad…; y en nosotros por exponerlos…; un lógico temor a que nos puedan tomar por excéntricos…, o algo menos plausible.

El acuerdo entre ambos que consideramos más conveniente fue: La preparación de un calendario de visitas con doctos entendidos, con el fin de exponerles; algo que ambos consideramos un fenómeno demasiado extraño y que para mí; roza la frontera de la incredulidad. Supongo que es algo que intuitivamente relacionamos en su contexto con *"Las eternas dudas existenciales"*. Jorge, desea contactar con personas con experiencias parecidas. De todas formas, al futurible lector del relato de esta novela le podría sonar a manido tema; y presumiblemente huya de este tipo de mensaje tabú…; bien porque evoque cierto temor a la inexorable muerte, o también, que nos puedan tildar; como dos esquizofrénicos, o psicológicamente trastornados…, ¡vete tú a saber!

Pero, este caso en particular, tiene unas peculiares connotaciones, que realmente pueden hacernos dudar. Replantearnos otras posibilidades o cambiar la opinión sobre la tan temida "MUERTE".

Cap. 2.º. La Reflexión

Este relato de Jorge me recuerda inmisericordemente la desgarradora pérdida de mi esposa, y a elucubrar sobre mi próximo destino; debido a la enfermedad terminal que padezco. En fin, imprudente de mí, al meterme en este lodazal escribiendo sobre este controvertido tema, porque seguro va a despertar polémica. Aunque *a priori* yo tengo una justificación como novelista, las ficciones me están permitidas sin que me tachen de loco. En este particular caso; sería leído con sorpresa e incredulidad, ya que mis asiduos lectores, me encuadran en historias inventadas. Aquí, yo no invento nada. Todo es real, desde la experiencia de Jorge, y hay ciertos fenómenos, que avalan su historia como ya iré desvelando. Lo de Jorge…:

¿Podría ser producto causal de aquellos estresantes momentos durante esos días, en que se pudiera distorsionar la realidad de su mente? Es la pregunta que me hago y que se pueden cuestionar futuros interlocutores o lectores. Para mí, el relato es algo mucho más revelador que otros que he tenido la ocasión de escuchar. Este es de los que te dejan boquiabiertos y te predisponen a convencer de que hay algo después de esta vida biológica…, y que es necesario llevarse un arcón lo más lleno posible de bondad y sabiduría. De todas formas, todo ello es verdaderamente misterioso e inquietante. Iré estudiando con cariño la experiencia que me revela Jorge, y creo que sorprendiéndome con las inesperadas conclusiones. Aunque cada persona ve las cosas desde un prisma diferente; aquí las pruebas a mi criterio son incuestionables; a mí personalmente, no me dejan lugar a dudas.

Cap. 3.º. Mi mágico rincón.

11:40 de la noche.

Pongo un poco de licor en la copa. Me espera mi clásico buró de ébano; repasado por tantas manos de barniz con las que siempre trato de ocultar rayaduras y quemaduras de los cigarrillos americanos Camel. Los podía conseguir de contrabando en el puerto; ya que, algún que otro marinero me lo vendían. Saco del cajón un montón de folios de papel verjurado, la pluma; la pipa; la bolsa de picadura de tabaco holandés y las cerillas. Absolutamente todo tiene un peculiar aroma, que cada día me sumerge en un romántico estado de embriaguez. Activo el interruptor de la arcaica lámpara de tela, que fielmente durante años me ha dado su tímida y cálida luz, y ha envejecido, al igual que la arrugada piel de mis manos. Un frenético mar de ideas en mi mente, pueden dar forma a decenas de historias escritas, con mi cómplice pluma Parker. Esta compañera día a día, se vuelve danzarina sobre   papel, a pesar del movimiento de mis torpes dedos…, derrama su tinta deliciosamente. Esperamos encontrar la ávida atención de un soñador, que devore la historia contada en sus coquetos e insinuantes trazos. Sí; prefiero escribir a mano, ya que la editorial sacrílegamente y por obligación se ha encargado de mecanografiar los escritos; violando de esta manera el primor de la romántica ensoñación; y la complicidad amiga de la pluma y alguien que la acaricia. Mi mágico rincón, está situado bajo el hueco de una hermosa y generosa ventana, que a veces me sirve como atalaya para admirar e investigar qué se traen los barcos con el mar. Justo a su derecha tengo una minúscula mesa, sobre la que se apoya una   cafetera italiana, siempre dispuesta sobre un infiernillo eléctrico. La ventana, con una hoja entornada deja entrar la brisa del mar y el rumor de las olas golpeando las piedras del espigón. Me embruja la estampa de tal inmensidad y la vida e historia que sustenta. Cierro la ventana, ya que la sensación de humedad hace que se resientan mis viejos y castigados huesos. En el Cabo del Picacho, el antiguo faro, me muestra el fugaz guiño de su acompasado resplandor. En mis abstractos   momentos de mirada perdida; una recurrente evocación del eterno y bello recuerdo de aquellas balsámicas conversaciones con mi amada María; mientras compartíamos el aroma, sabor y calor de un café colombiano, frente al desvencijado marco de madera raído por el salitre. A veces; alguna que otra mirada llena de complicidad eran suficientes para entender lo que nos decíamos en silencio entendido.

Puedo divisar bajo las luces de las maltrechas farolas en el pantalán; a bellas embarcaciones suavemente mecidas por el azaroso movimiento del agua. Comienza a soplar el viento con más fuerza, y en el horizonte me sorprende la efímera serpentina de un rayo, seguido de un trueno. La lluvia, comienza a salpicar el vidrio de la ventana. Esto me relaja y me hace recordar los días en que me jubilé y compramos este apartamento asomado al mar. Durante años tuvimos el deseo de conseguir vivir frente a la inmensidad de sus aguas. Lo conseguimos, así fue para nuestra felicidad. Por algún tiempo pudimos navegar con una pequeña embarcación que compramos y a la que bautizamos con el nombre de: "María", como mi bella esposa.

Cap. 4.º. La posguerra.

Mi infancia no fue fácil. Corrían aquellos difíciles años de la posguerra. España quedó enfangada en miseria, hambre y dolor por los caídos. Padres de familias muertos en contienda, o lo que es peor, pasados por las armas en una posguerra alimentada por odio y revancha entre dos maneras de entender la vida. Sí, mala época para nacer, pero así fue. En mi familia se pasó mucha necesidad. Recuerdo de mi niñez, la casa de vecinos donde vivíamos hacinados en partiditos de apenas treinta metros cuadrados, para familias que éramos normalmente numerosas. Entre otras peculiaridades, me viene a la memoria el piso de la vivienda con unas horribles losetas fabricadas con cemento, arena y algunos motivos de polvos rojos de almagra. Paredes blancas de incontables manos de cal que, en algunas partes del paramento, caían en finas capas, debido a la erosión que producía la humedad. La instalación eléctrica, vista por fuera de la pared, instaladas con cables forrados de tejido de algodón ensebados, y atados a aisladores de porcelana blanca, en forma de pequeño diábolo que, atornillados a la pared, cumplían la misión de atado e instalación del hilo conductor. Interruptores y enchufes de aquel mismo material de porcelana o baquelita negra y mecanismos de latón para los contactos eléctricos. Un par de bombillas incandescentes que funcionaban a 125 voltios. En otras casas, al no tener instalación eléctrica; se alumbraban con las llamadas "palomitas o mariposas" que consistía en un vaso con un poco de agua y aceite (que por pesar menos se venía arriba) y sobre ese aceite un círculo de cartón grafitado atravesado por una mecha pequeña que por capilaridad se alimentaba del aceite. También se usaba el candil de la marca Fisna que funcionaban a base de carburo y agua.

Fuera en el patio del edificio, estaban las cocinas comunitarias, fabricadas con poyetes de ladrillos refractarios a modo de fogón; que con carbón vegetal; se usaban para cocinar. Ese de los pucheros de porcelana golpeadas…; era el momento de la charla entre vecinas, mientras, se cocía lo que buenamente cada una podía echar en sus huérfanas ollas. Los hombres después del trabajo, bajaban a tomar el fresco, ataviados con gorras, camisas raídas; pantalones de pana acribillados a remiendos y alpargatas muy gastadas casi siempre.

Se sentaban en sillas de eneas junto a las bicicletas; allí liaban cigarrillos, o fumaban los que vendía tabacalera española, Ideales, Celtas o los que familiarmente le llamaban caldo de gallina. Los encendían con mecheros de piedra y yesca o lo más moderno, con unos de gasolina. Como en un ritual diario; hablaban de toros y toreros, de fútbol, de clubes y jugadores que ni conocían, o si al caso por unas fotografías de periódicos, que terminaban como papel para el retrete. A veces en voz muy baja, hablaban de mujeres que no eran del entorno de su edificio colectivo al que se le llamaba por entonces: "corral". Nunca hablaban de la política, eso era un tema peligroso y prohibido entre ellos, porque tenían miedo, a los oídos prestos y las bocas ligeras de algún que otro confidente de la policía del régimen.

Aunque vieran pasar a cualquier mujer vecina, ninguno de los hombres, levantaba la cabeza para mirarla…

Acompañaban las conversaciones , con una bota de cuero curtido con vino tinto peleón, que se pasaban para dar un trago de vez en cuando. Cada día le tocaba a uno de los de la reunión salir a la bodega y llenarla con un litro.

Las placas turcas comunitarias, (inodoro a ras de suelo), allí vertían los orinales usados durante la noche. Los pequeños cuartillos con endebles puertas que apañaban con tablas recicladas de diversa procedencia. Algún hombre mañoso y servil, colocaba las bisagras y aldabillas que compraban entre todos. Normalmente un alambre grueso cogido a la puerta, servía para pinchar trozos de papel de diarios. Dichas dependencias casi siempre están en una esquina apartada del patio, y a un costado las pilas lavaderos y cuerdas, para tender la ropa lavada. Todas las semanas el miércoles una de las vecinas le tocaba el encargo de limpiar estos servicios comunales, tenía que pedir a las demás vecinas, una peseta para comprar un líquido que llamaban *ZOTAL* y se utilizaba como desinfectante y para erradicar las plagas de insectos. Una situación a la cual estábamos habituados, e inimaginable para un chico del siglo XXI.

En las mañanas se podía escuchar las carretas tiradas por bestias; mientras las llantas de hierro rodaban por el adoquinado de la calzada, con un movimiento de vaivén que hacía crujir la estructura de madera y temblar levemente el suelo a su paso. Un hombre sobre aquel carro pregonando en voz alta: ¡La nieve! Mi madre salía a comprar un cuarto de barra en los días de verano de más calor, para así enfriar las bebidas y mantener la pizca de carne o pescado que se pudiera comprar. Todo se acomodaba en un arcón de madera forrado en su interior por chapa cincada que por abajo tenía una espita, por la cual se vaciaba el agua del deshielo, que diligentemente aprovechaba mi madre, para cualquier tarea de limpieza

También se estilaba el triciclo, que era bicicleta desde el medio hacia atrás y delante, una caja con un eje y dos ruedas . Aquellas cajas cerradas con tapa y con candado para cuando el vendedor tuviera que alejarse a llevar el producto a sus clientes. O también los había con la caja abierta, según lo que portaban, ¡El panadero, el verdulero; el carbonero! pasaban calle por calle pregonando las excelencias de sus productos.

Un día mi hermano Daniel que por aquel entonces tenía cuatro años, se cruzó por delante de uno de esos triciclos que circulaba por la calzada con cierta velocidad; y para gran disgusto de todos, fue atropellado y lo tuvieron que llevar al Hospital de la Caridad. Fue una noticia que corrió como la pólvora por todo el vecindario. A partir de aquello; los niños estábamos muy bien aleccionados y los vendedores mucho más. Al fin y al cabo, afortunadamente no fue nada grave…, pero los que vivían más lejos de nuestro barrio, incluso creyeron que el niño había muerto, y se convirtió tal cosa en una leyenda urbana, como casi siempre producto de las mentes fantasiosas. Recuerdo que los mayores de nuestro barrio nos asustaban con los crímenes de un monstruo que llamaban: "el sacamantecas" o "el hombre del saco".

Todo el entorno era muy insalubre, porque hasta las aguas fecales en algunos lugares, desembocaban en canalillos descubiertos, es por ello que enfermedades como la polio, el tifus exantemático, la tisis, la meningitis y como no lo que lo complicaba aún más: plagas de piojos, mosquitos; chinches; ratas…

Epidemias y plagas que sufría la población, de una manera inmisericorde y que en muchas familias humildes dejó dolorosas pérdidas hasta por lo que hoy es una apendicitis común, que llamábamos el dolor del miserere.; desembocaba en una muerte segura. Mi madre por aquel tiempo enfermó de tifus y estuvo a punto de morir, según me contaron.

Las mujeres parían en sus casas ayudadas por las vecinas y asistida por lo que llamaban matrona. El sexo masculino, aunque fueran doctores, no estaban bien visto en un parto. Alguna complicación especial tendría que haber para su presencia.

Me hablaban de unas cartillas de cupones de racionamiento que servían para conseguir algunos alimentos, aunque estos, no fueran los necesarios para una alimentación equilibrada; se podía conseguir en pequeñas cantidades, el aceite, las alubias, el café, pasta de sopa, manteca vegetal y poco más…

Mi padre trabajaba en lo que le salía de albañilería, temporero del campo, y los domingos, mariscando en la ría, o echando asientos de eneas, que le encargaban algunos vecinos del barrio.

Un día, recibimos la triste noticia de que un tío mío fue fusilado. Aunque yo fuera muy pequeño, quedó clavado en mi cerebro, aquel revuelo en mi casa. Me contaron cuando fui mayor, que un poderoso del pueblo dónde él vivía, lo acusó de comunista y lo único que hizo, fue recriminar al alcalde por el abuso sexual reiterado a una adolescente con síndrome de Down, a la que dejó embarazada. Mi tío, después de enfrentarse a aquel desalmado, tuvo que huir del pueblo dejando a su mujer e hijos, ocasión que aprovecharon para extorsionar a su familia y así intentar conocer su paradero, aunque no obtuvieron confesión alguna. A las semanas, mi desgraciado tío fue detenido en la sierra, llevado a prisión y en diez días se dictó sentencia…: Condenado a muerte junto a otros 16 hombres acusados, que fueron de inmediato fusilados y arrojados a una fosa común con cal viva.

Mi madre no tenía consuelo y lloró durante semanas la pérdida de su hermano menor.

La posguerra fue la excusa de muchos criminales para llevar al cadalso, hasta a sus propios hermanos.

Muchas mujeres y hombres, tuvieron que emigrar hacia otros países con mayor oportunidad, y así poder mitigar las graves necesidades, que tenían las familias en nuestro país. Estos emigrantes emitían esas divisas en giros. Gracias a ello, pudieron salir adelante muchas de las familias que no pertenecían a las agraciadamente acaudaladas. Se implantó en la educación el llamado "nacional-catolicismo" y se instauró como el nuevo plan de estudios para nosotros, los niños en edad escolar. Los proyectos educativos que habíamos tenido durante la república fueron derogados, y muchos maestros apartados obligatoriamente para que no pudieran impartir lo que hasta entonces hacían, o sea, historia republicana.

Siento nostalgia de aquellas tardes de invierno en las que mi madre y yo nos sentábamos alrededor de la mesa de camilla con un brasero encendido con cisco picón, mientras que, al calor, mi madre zurcía parcheando nuestra ropa y tomaba un vaso con achicoria, como mal sucedáneo del café, ya que éste escaseaba y solo se podía conseguir de estraperlo. Escuchábamos las emisiones en un milagroso radio de válvulas de la marca Radiola.

Programas radiofónicos con *Bobby Deglané* , los audios novelas de *Guillermo Sautier Casaseca*, los diarios de noticias, así como las canciones de *Antonio Machín o Jorge Sepulveda*; y tantos y tantas otras. Mi madre para merendar me daba una onza de chocolate terroso o un bollo de pan con aceite y azúcar. Los sábados o los domingos me metía en un barreño de cinc lleno de agua templada y con un estropajo de esparto y una barra de jabón verde; me restregaba hasta dejar mi piel bien limpia. De vez en cuando, la repelente niña de la vecina, se colaba en mi casa y me miraba desnudo y se reía de mí, pasando yo, mucha vergüenza. Cuando llegamos a la pubertad era ella la que ruborizada me evitaba cada vez que yo la molestaba con mis burlas.

Cap. 4.º. Mis estudios.

Estudié bachiller en el Instituto La Rábida…, en mi querida Huelva; aquel instituto de enseñanzas medias que fue también el de Juan Ramón Jiménez (Premio Nobel de Literatura) a recibir sus clases y en cuyas aulas también estudió la primera mujer matriculada en Enseñanzas Medias en España. Antonia Arrobas. Fueron años de pupitre y tinta; de visitas de misioneros y *Sanctae Crucis et Operis Deis…,* de leche en polvo y diarios cantos obligados del himno *"cara al sol"* con la mano levantada. Asignaturas de Formación Espíritu Nacional, Religión Católica, y la captación de jóvenes para grupos de movimientos católicos y nacionalistas. Algo retrógrado y surrealista ante los ojos de los progresistas de la Europa liberada, (IIª Guerra Mundial), de las garras de *Hitler* y sus aliados. Cuando terminé el preuniversitario, me mudé a Sevilla y estudié Filología Hispánica, siempre por becas. Comía y dormía en el domicilio de mi tía Antonia una hermana soltera de mi padre; una mujer que me trató como una madre. Ella tenía un defecto en su pierna izquierda a causa de la polio; regentaba una tienda de comestibles de esas que llamaban por: Ultramarinos. Mi alimentación por aquel entonces era la de un rico, me compraba ropa de la más cara en *Cortefiel,* iba siempre vestido como cualquier hijo de pudiente; me daba dinero para los gastos semanales. Tuve una inmensa suerte con mi tita, como yo la llamaba. Me acogió en su casa como si fuera el hijo que jamás tuvo. Allí en Sevilla, fue cuando me enamoré por primera vez. Me desplazaba en autobús desde un barrio de casas del patronato de la vivienda llamado "las Candelarias" donde todos eran obreros. Cada día de mañana muy temprano, tomaba el autobús de la línea número 9. Me bajaba en La Pasarela, para acudir a mis clases en la Universidad. En aquella parada: Lloviera, venteara, con frío o calor abrasador; una chica tullida en una silla de ruedas vendía los cupones de los ciegos. Fue algo impactante y maravilloso. Descubrí en ella, la sonrisa más sincera y bella que jamás había conocido. conocí. Desde el primer momento en que la vi, sus brillantes y hermosos ojos me cautivaron cuando ella me   miraba y sonreía con complicidad…, yo me sentía halagado con ello. Un día 23 de diciembre con gran arrojo y mirando a mi paso, lanzó un beso al viento como dedicándome una   feliz Navidad…, después se sonrojó, cubriéndose la cara con las   tiras de cupones. Traicioneramente a mi rostro afloraba el flagrante rubor que dejaba en evidencia, la timidez del tímido e inexperto enamorado. Mi corazón se agitaba cada vez que llegaba a aquella parada, pues hubiese o no gente comprando cupones; ella me miraba y sonreía, mientras la que creo su madre, estaba detrás de aquella gris y destartalada silla de ruedas, sujetando un paraguas si llovía y ayudándole en la venta. Esta señora mayor, se daba cuenta de nuestros silenciosos piropos; miraba cómplice y agradecida al ver a su hija correspondida por mí. Nunca me atreví a dirigirle palabra; silencio…, del que me he arrepentido durante toda mi vida.

Un día de aquellos, se agotaba la primavera y preparaba los duros exámenes de fin de curso…, bajé como cada día, en mi parada habitual. Ella no estaba; me disgusté mucho por su ausencia y al mismo tiempo me preocupé por su salud. Durante varios días por las mañanas iba más temprano y aguardaba entre los setos del parque, para ver si volvía, y así tener la suerte de poder aplacar la preocupación que me angustiaba al temer por su suerte y a la vez saciar mis ganas de verla y tener de nuevo la dicha de admirar su bella sonrisa… Tristemente, jamás se pudo repetir la magia.

En verano volví a Huelva con mis padres, pero más de una vez con la excusa de apuntes y otros documentos universitarios, me escapaba en los autocares de Damas hasta Sevilla con la única fijación de volverla a ver. Terminó el periodo vacacional y regresé a mis estudios en la Universidad. En mi primer día de clases al descender del autobús; me encontré a un señor ciego, vendiendo cupones, en el lugar que ella lo hacía. Me atreví a preguntarle por la chica y me contestó:

—¡Sí, ella se llamaba Sarita! …, la conocí en la ONCE —(resopló con tristeza)— ¡pobre chica! Amigo…, ella tristemente ha fallecido en mayo a causa de una larga enfermedad degenerativa que la castigó durante muchos años. La gente que la conoció; aseguran que se dejó morir por desapego a la vida y por estar enamorada de alguien…

El día de su muerte, su madre con llanto y voz desgarrada, le llegó a confesar a su hermana (tía de Sara) que: — Los últimos días fueron de gran sufrimiento y dolor para mi hija. — Indiscretamente, las personas que   estábamos en el velatorio (sin intención) … pudimos escuchar lo que aquella madre desconsolada, contaba con voz desgarrada…: — Mi hija lloraba y se quejaba de su suerte; decía que nunca podría ser feliz como las demás chicas. Desde su ventana, sentada en su silla; cada tarde, veía a sus amigas y vecinas, entrar y salir con sus novios, esto la   hacía sentir y encontrarse más sola y desplazada. Dibujaba corazones con su nombre y un signo de interrogación por un joven del que ni tan siquiera conocía su nombre. Escribía poemas al universitario dueño de su corazón; que cada mañana temprano, pasaba por delante de ella y la sonreía. Estaba muy enamorada, pero, por como ella veía su grotesco e inválido cuerpo; siempre se sintió convencida de que no tenía derecho, a hacer esclavo a nadie de la dependencia física que ella padecía, y menos sentirse merecedora de su amor. Creyendo que su destino no sería estar con él. Se dejó morir sin que…; — (sollozó lastimeramente) —su propia madre, pudiera ayudarla. Supliqué a Sarita que me dejara hablar con el chico…, pero se enfadaba por mi intención, y me lo prohibía. <<Así terminó su relato aquel amable vendedor de la ONCE.>> —Me palpó el brazo con su mano y buscando mi hombro, apretando sus dedos, me dijo: —¡Hijo, te acompaño en el sentimiento! — (Se dio cuenta de que aquel chico era yo; tan solo con notar el estremecimiento de mi voz). —Señor, me gustaría saber la dirección o número de teléfono para poder hablar con su madre y darle el pésame.

Aquella triste noticia fue un mazazo para mi ánimo…; apretando mis puños y dientes me fui llorando amargamente y maldiciendo por no haberle hablado de lo que yo sentía por ella. Fue un impacto tan doloroso para mí, que me hizo maldecir la muerte y su crueldad para con una muchacha apenas una niña, a la que borró de aquellas mis mágicas mañanas; robó para siempre sus brillantes y emocionados ojos enamorados . Un ser frágil con más derecho que nadie a sentirse viva. Jamás olvidaré aquella mirada sonriente que quedó por siempre clavada en mis retinas y marcado en mi cerebro, recién despertado al amor. Y menos ser, involuntariamente parte en la causa de aquella tragedia. Me armé de valor, y con el número de teléfono que me consiguió aquel señor, y venciendo mi pudor y lo extraño de aquella situación; una tarde logré contactar   con la madre de Sara.

—Buenas tardes señora. Me llamo Santiago, tristemente para mi perpetua pena, soy el chico que cada mañana, cruzaba delante de los ojos de su bella hija Sara. No sé cómo pasó, ni por qué. Solo le diré que estuve perdidamente atraído y enamorado por   esa chica...— (tomé aliento para no derrumbarme en llanto y seguí hablando). — Le promcto señora que la recordaré todos los días de mi vida. Siento mucho su pérdida, pero permítame con todo respeto, haga también mío su dolor.

Sólo pude escuchar un llanto ahogado y unas gracias sinceras…

Pasaron algunos meses y yo estaba en mi tercer año de carrera. A la generosa y paciente de mi tía, yo le daba sofocones porque siempre estaba metido en líos de movimientos estudiantiles, aquellos que mostraban el desacuerdo con el régimen, y de ahí, a aquellas manifestaciones y las huidas delante de los grises, de los que por entonces éramos compañeros de Facultad, que nos tocó vivir la dictadura Franquista.

Cap. 6.º. La vuelta a Huelva.

Apareció María. Estaba bellísima aquel día en el que la conocí. Fue una espléndida mañana de primavera; en la facultad se disfrutaba del aroma a azahar de naranjos en flor. ¡Fue un flechazo tan directo al corazón! supe que aquella sería mi esposa; me propuse desde aquel mágico momento; que mi anhelo, sería conquistarla y así fue para mi felicidad.

En fin. ¡Qué tiempos aquellos! Allá por los años 60, después de terminar mi carrera, para más dolor, mi tía Antonia, falleció después una enfermedad fulminante. Fueron aquellos muy malos días para la familia. Fue una ocasión, en que toda la familia por parte de mi padre, se reunió para darle su adiós, y a los cuales conocí por primera vez. Que, por cierto; después de estar viviendo los últimos cinco años con ella. Me daban el pésame como si yo fuera el más indicado para recibirlo.

María y yo nos casamos, gracias a que mi tía Antonia me había dejado en herencia unos ahorros que me sirvieron para dar la entrada en un piso recién construido, en lo que hoy es la barriada Huerta Mena, junto al antiguo estadio de fútbol del Club Recreativo de Huelva que después fue demolido. Fue el reencuentro con mi ciudad natal.

Pude conseguir una plaza de profesor, en el mismo Instituto de La Rábida en el que había estudiado años atrás. Durante aquellos años que ejercí de docente de enseñanzas medias como profesor de latín y literatura, escribí y publiqué varias novelas narrativas, fui participe en ediciones de libros de texto de gramática, publiqué guiones de teatro e investigué y escribí sobre los autores de la generación del 27; después me sirvieron para mi posterior Tesis Doctoral.

En 1993 cuando ya contaba con 57 años me propuso el Ministerio de Educación y Ciencia, formar parte del claustro de profesores y dar clases en la recién estrenada Universidad de Huelva. Fue mi experiencia docente universitaria durante algunos años. Universidad en la que me doctoré y conseguí mi cátedra…

Mi mente regresa al presente…; si, a la realidad, después de aquellas evocaciones del transcurso de mi vida. Cómo en innumerables ocasiones, vuelvo a la eterna pregunta sin respuesta: — María en el trance de su muerte, ¿sentiría algo similar a Jorge cuando falleció? — ¡Mis pensamientos, son el puro desvarío de un senil anciano! ¿María, allá donde esté, me podrá ver? Me sorprendo de tal pregunta y apresuradamente con cierto rubor, acomodo mi cabello, mirando mi distorsionada imagen reflejada en el cristal de la ventana. — ¡Solo soy la sombra del hombre que ella amó! —No cabe duda…, me estoy volviendo loco y "Doña Soledad"; no me ayuda para nada.

Se oye un inquietante crujido en la estructura de madera. ¡Bah! son ánimas puñeteras, o es que la casa de un momento a otro se va a derrumbar. Me carcajeo de las locas ocurrencias que tengo, pero inmediatamente se me eriza la piel; se retira mi risa y la falsa quijotesca valentía. Lentamente...; dirijo la mirada hacia aquella habitación que fue conmigo testigo de su sufrimiento… Condené su puerta cerrándola con llaves aquella aciaga mañana. El ataúd con su inerte cuerpo fue solemnemente portado a hombros en fúnebre cortejo; desde nuestro deshecho hogar hacia el camposanto. La tibieza espiritual me invadió después de la pérdida; no será fácil que yo vuelva a recuperar las creencias religiosas, que compartía con mi esposa. No he tenido el valor de volver a entrar más en la solitaria estancia, sólo lo hace la señora que contraté para las labores del hogar. Cada semana, interrumpe su claustral silencio, espanta la soledad y reordena la ordenada habitación. Misteriosamente la alcoba no ha perdido el perfume que María usaba, pues cuando la señora de la limpieza, abre la puerta; se inunda el salón, con la fragancia de mi esposa. Inhalo profundamente con la avidez de un febril enamorado que le asfixia la angustiosa soledad.

Cuando termina la tarea, cierra con llave y la guarda en la alacena dentro de un frasco de cristal. Un ritual que fielmente se repite cada martes. Cumple muy bien su cometido, me lava la ropa, plancha, cocina para algunos días y lo adecenta todo. Herminia que así se llama, vive con el sepulturero; es muda de nacimiento, (cuentan los vecinos que me la recomendaron para hacerme las tareas del hogar). Ella mantiene el panteón que mandé construir para mi esposa y todas las semanas adorna su lápida con flores frescas.

Descanso siempre en el sofá cama…, aunque realmente duermo pocas horas y las veces que me acuesto temprano me suelo levantar a las 4:30 de la mañana; preparo café, enciendo mi radio de válvulas, y me asomo a contemplar la ceremonia de los pescadores en cada jornada de faena. Ritualmente se persignan…, ponen en marcha los motores diésel, desatan los cabos, y sacan sus embarcaciones del puerto rumbo a mar adentro. Me quedo hipnotizado ante el pensamiento de un ancestral cuadro, dónde olas enormes engullen embarcaciones y tripulantes. No es nada más que lo que ha ocurrido durante siglos. El pescador busca el sustento a riesgo de perder la vida en el mar. Me estremezco, recordando las escalofriantes historias que me cuentan estos arriesgados hombres… Suenan las campanadas de las 12:00 en el reloj de péndulo.

Día 23 de abril 2016.

Es el momento de darle cuerda, y comenzar a escribir durante casi toda la noche como hago a diario. Me acomodo en mí arcaico sillón de   terciopelo gris, en un rito mil veces repetido durante décadas de mi vida. Enciendo mi pipa, sorbo un poco de licor, me coloco las gafas de cerca, acomodo la pluma entre mis dedos, y apoyo mi mano sobre el papel escribiendo historias de la mejor forma que sé,

(Santiago Martínez comienza a contar la experiencia de Jorge González)

Cap. 8.º. EDM

Experiencia después de la muerte.

PRÓLOGO.

Esta historia está basada en la sorprendente   narración, que un antiguo alumno me hace…:

Jorge González; mantiene haber sufrido la suya propia…; y me revela con todo lujo de detalles, la inusitada experiencia que sintió, escuchó y vio en ese otro paradójico plano; así, como minutos después, su insólito retorno a la vida terrenal. Me presta también su versión, una testigo de excepción que, además, logró sacar de la muerte clínica a Jorge. Rebeca Martínez, (Doctora en medicina), coincidió milagrosamente en ese instante (en el establecimiento), donde Jorge se desplomó y quedó yerto. Cuando ella llegó a auxiliarlo carecía de signos vitales, y por la exploración médica que hizo del cuerpo dedujo que, hacía ya minutos que su cuerpo exánime, mostraba la palidez cadavérica por falta de circulación de sangre y   oxígeno. Jorge con un súbito colapso entró en una parada cardiaca, (después se pudo saber que duró diez minutos y   doce   segundos.) La doctora Martínez, apenas sin esperanza en recuperarlo puso en práctica las maniobras de reanimación cardiopulmonar (RCP) mediante compresión masaje cardiaco, respiración boca a boca, e instantes después con un equipo portátil desfibrilador externo semiautomático, que tienen en el centro comercial para las emergencias. Se encuentra con un caso de fibrilación ventricular que desembocó en   muerte. Mas ella, durante largos minutos, en   su afán persistente, cuasi obsesivo, ¡Consigue que el cuerpo de Jorge resucite!

Jorge, días después en su casa, me hizo un retrato de memoria del establecimiento y los empleados que le atendían normalmente como casi cada   sábado. Posiblemente   alguno de ellos, en el momento del hecho, presenciara lo ocurrido y se pudiera contar con su testimonio. Realmente estas personas hipotéticamente conocen a Jorge por ser asiduo cliente de este supermercado. En   caso necesario, los podría entrevistar, para conocer algún detalle más de aquel episodio que sufrió.

A partir de esta experiencia: él siente la imperiosa necesidad de narrar a los demás, aquello que a cualquiera le pudiera resultar surrealista; pero, me parece lógico que quiera compartir la descripción de lo que vio y sintió, en ese plano durante su estado de muerte corporal. Los relatos de personas que cuentan (como quiere hacer Jorge) estas experiencias…; han sido conscientes en "otro plano paralelo" al de la vida terrenal. Es un tema por el cual los científicos, suelen caminar de puntillas o mirando hacia otro lado. Sería aceptado por los religiosos: por que apoya, su tan pregonada existencia de una "vida eterna". Sin embargo, entre los filósofos son más diversas las opiniones. En fin, lo que carezca de justificación en la ciencia, se vuelve tabú y en un controvertido tema. Yo puedo entender y ser lo suficientemente respetuoso con las creencias religiosas de muchas personas educadas en la fe, pero también con los estudiosos de la física, la biología, la medicina, las matemáticas y otras ciencias.

Lo cierto es, que hay que aceptar que este mundo está lleno de centenares de millones de puntos de vistas personalizados. Nada, ni nadie hasta ahora, ha podido demostrar las incógnitas existenciales; que nos acompañan desde que naciera la inteligencia humana. La física desde su rama cuántica, quiere resolver desde qué está hecho el universo; por qué interactúan los diversos elementos que componen la materia y la energía. Hasta incluso responder a esta cuestión: ¿Qué es la conciencia del ser humano y en qué parte de la ciencia se basan sus hipotéticos principios?

Desde el genio Albert Einstein con su teoría de la relatividad, Stephen Hawking que basó sus estudios en la armonía de la relatividad general y la mecánica cuántica, los agujeros negros. Dicen que todo tiene su origen en la gran explosión (*Big Bang*) de *Laimaître,* teorizada por *George Gamow* y otro modelo de dicha teoría, es la que defiende *Fred Hoyle,* que la materia se forma cuando las galaxias se alejan unas de otras. Y lo más actual: "La teoría de las cuerdas", en la cual, un genio científico *Edward Witten,* nos habla del universo y sus cuatro fuerzas de la naturaleza: La gravedad, el electromagnetismo, la fuerza nuclear fuerte, la nuclear débil… También nos aseguran que existen once dimensiones espaciales y que llegaremos a viajar en el espacio-tiempo, por los llamados hoyos de gusanos…, (toda una amalgama de teorías y de rompecabezas que nos hace vacilar entre creer o no creer lo que proponen , unos y otros.)

En 1543 *Nicolás Copérnico* puso sobre la mesa, la ciencia astronómica, de que el sol es el centro del universo y que los planetas giran alrededor de él. Se le llamó : *"La Teoría Heliocéntrica"* y *Aristarco* fue el primero que lo propuso. Hoy, hay científicos que mantienen que la tierra es plana, según *Auguste Piccard*, que es un círculo plano rodeado de hielo por sus bordes por lo que llamamos La Antártica y con una cúpula como techo de protección llamado *Domo,* y es en esa cúpula donde están dentro el sol y la luna. El físico, explorador e inventor nos afirma (una vez subido a una gran altura) que la tierra no es una esfera como nos han enseñado desde siempre en los libros de textos. Si leemos la Biblia nos apunta en muchísimos versículos que la tierra es plana. De momento, todo ello me suena a sinfonía cósmica en un mundo surrealista, por decir algo…

Con todo ello quiero hacerles partícipes de mi humilde opinión y es que pienso que, en este mundo, hay peligrosos charlatanes que se hacen llamar investigadores pseudocientíficos, que aprovechan la vía de internet para mentir con un desparpajo insolente, y enriquecerse sin pudor, faltando el respeto al intelecto de nuestro verdaderos y estudiados científicos. Una de las cosas que debería ser perseguido y penado por ley, es: toda esa errónea información, vía internet llega a nuestros hijos y los confunden. Tengamos confianza en los científicos que demuestran su labor en pro de la tecnología y el desarrollo. Mi pecado podría ser lo profano que soy en la materia, ya que soy de letras, aunque reconozco que es apasionante. Por ello he de confiar en los estudiosos de mentes superdotadas que se dejan la vida, intentando resolver esas incógnitas mediante la ciencia; la biología; la medicina; la física; la química; la biotecnología; las matemáticas… Me hago estas preguntas — ¿Cómo se rige todo en este universo? ¿Dónde está la controvertida explicación? ¿En la Biología, en la Filosofía, o en la Religión? Ciertamente, creo que hay enigmas y secretos que no nos han desvelado, aquellos que detentan ciertos poderes fácticos. Lógicamente por el temor de perder capacidad de manipulación sobre los que andamos basándonos en lo que hay escrito. El hombre puede cambiar su visión de la vida, y anarquizar la filosofía del comportamiento; ya que hemos sido engañados y confundidos deliberadamente. Con la certeza de cada uno de nosotros sobre esta cuestión: ¿Podría llegar a romper con todo nuestro conformismo, se terminaría la mansedumbre y se lucharía contra la cultura inventada para tantos; en el beneficio de unos pocos? Hemos sido arrojados, sumergidos en el fondo de la más absoluta inopia. — Perdonad mis trágicas reflexiones. Creo que tanta confusión, es debido al mensaje que recabamos en nuestras mentes desde que nacemos y que es producto de la cultura que recibimos de nuestros maestros y padres, las históricas y teorías apiladas que en las bibliotecas van quedando como testimonios, que a través del tiempo van dejando nuestros ancestros al paso de generaciones

tras generación. Todo se ha ido convirtiendo en un enmarañado y
caótico ovillo de opiniones y traducciones caprichosas por el
hombre y sus históricas circunstancias y la expresión idiomática de
cada raza, creencias religiosas y civilizaciones en el tiempo.
Incluso, hay científicos que dicen que el hombre jamás alunizó, otras
afirman que la tierra es plana… Nosotros no tenemos medios
para rebatir tanta conjetura…

¡Sería un caos del intelecto!

Todo ello, merece una seria meditación que en el mejor de los casos nos propone ordenar un gran rompecabezas sin solución para la inmensa mayoría de nosotros. Algunos dejan caer la perorata de que, con nosotros, conviven otras realidades, otros planos paralelos de formas de vida y que nuestros sentidos (dicen que infrautilizados) no pueden percibir. Esto hace que por incredulidad me encoja de hombros. Todo es demasiado suponer, ¿No creen? Los científicos acusan de fanáticos a los religiosos que adoran a unos dioses etéreos que cuando no hay más salidas a las preguntas, se apoyan en el dogma de la fe. ¿Dónde está esa respuesta que demuestre la verdad absoluta sobre las incógnitas trascendentales para la humanidad? Personalmente creo que en nuestro mundo, hay muchos conspiradores compulsivos que se entregan a creer y a querer hacer creer, en sus teorías dantescas, sin tener prueba ni fundamento: Hay   quien asegura haber tenido experiencias indemostrables, a la que les confiere un conocimiento empírico.(Esto no las hace verdades universales, y por consiguiente no tiene nada de rigor científico); sin embargo a través del   tiempo se perpetúan, ancladas en las populares creencias del pueblo llano, como una "verdad" entendida y heredada, en la que se apoyan para basar su filosofía y forma de vida. Que conste que cada uno puede vivir en las creencias que quiera. Pero que sepan que no todos somos ilusos y se nos puede entretener con el humo que vende algunos charlatanes del sistema; o el temor al infierno de los otros que pregona la religión.

En lo que se refiere a Jorge González, se nos presenta una incógnita: ¿Es imprudente o conveniente, desvelar esta extraña experiencia? No es por no mojarme, pero por mi parte; creo que debo dejarlo al libre albedrío de cada individuo. No deseo enmarañar más la madeja de hilo y ser copartícipe de la gran mentira de la raza humana. Presumo que Jorge se va a topar contra un muro de negación por parte de la ortodoxia médica, ya que esta huye del planteamiento de una vida del más allá; bien por su cultura científica o incluso también porque sientan también cierta displicencia y temor a ser repudiados; por el resto de la comunidad médica. Jorge se había sometido a las pruebas y a estudios oportunos con un cardiólogo y psicólogo clínico; el Doctor Luis Garrido. Este cardiólogo, que hace días le explicó que, en los resultados de las pruebas, le corrobora que Jorge ha tenido una angina de pecho, que el colesterol y otros parámetros le pone en un alto riesgo de infarto. El informe que leemos con nombre y apellidos nos muestra, que una vez pasado la EDM, nuevamente a Jorge se le repiten las pruebas por el mismo doctor y paralelamente por otros especialistas del hospital de la Doctora Rebeca Martínez, en otro centro. Se juntan los informes de los diferentes cardiólogos de prestigio. Certifican que Jorge González: Tiene un sistema circulatorio con un corazón como un atleta de 20 años y que sus pulmones están limpios, no hay restos de haber fumado excesivamente, por tantos años. ¡Sorpresa escalofriante! ¿Milagro?

—Suelto mi pluma por unos instantes, retiro las gafas y restriego mis párpados con los nudillos, cojo la gamuza y repaso los gruesos y rayados lentes para la presbicia. Pienso que aquí me surge una leve duda. Podría haber algo que no se haya estudiado bien anteriormente. ¿Algo se me escapa?, ¿y si me pongo en la tesitura de que Jorge no está bien psicológicamente, y que yo estoy predispuesto para creer algo; porque necesito saber?, ¿pero, y la doctora Martínez? Ella me explicó que lo asistió y que por el tiempo que estuvo sin oxígeno, irremisiblemente su cerebro, tendría que presentar lesiones.

¡Diantres! Son demasiadas preguntas para este pobre viejo.

Hace tiempo que estoy enfadado con Dios, desde el momento en   que se llevó a mi esposa tras sufrir una penosa y dolorosa enfermedad terminal. Mi pobre María no se merecía esto…, todo esto despierta   un inusitado interés, en ese intento de comprender ese algo que le dé luz a la "utopía", de realizar el anhelado deseo de estar junto a mí amor. Ojalá que este tiempo de vigilia sin su presencia se acabe y así mi angustiosa soledad… de todas formas sé que mi enfermedad me va a dejar poco margen de vida; mi médico me lo tiene diagnosticado. Es   por eso que deseo que la naturaleza me   conceda la transición; sin mucha   demora. Sin pensarlo caigo en el tópico: "Daría lo poco   que tengo por tan solo unos minutos con ella y decirle cuánto   la echo de menos ". De repente, empiezo a temblar, se crispa todo mi cuerpo hasta sentir calambres, mis mandíbulas se aprietan hasta rechinar mis dientes, se congestiona el rostro, se   inundan mis   ojos de lágrimas y con un ahogado grito contenido logro reaccionar. Otra crisis más. ¡Me va a estallar la cabeza! ¿Estoy loco? Tomo un calmante y un ansiolítico para controlar la   hiperventilación que   me   ha   producido la velocidad de mis inspiraciones. Poco a poco me voy relajando… Se va pausando mi agitación, todo mi cuerpo está dolorido y mis ojos no paran de llorar. Sí, definitivamente estoy ido. Paso de una reflexión   a otra sin más, a veces pienso que   los lectores o interlocutores, en esos repentinos cambios, no pierden el hilo de mis exposiciones, sin embargo, anteriormente no les he expuesto el porqué de ese desconcertante salto, solo los más conocedores de mi personalidad me entienden. Soy como el profesor de matemáticas que desvela el resultado de un problema, sin exponer el proceso intermedio. Algunos se quedan sorprendidos e intentan adivinar qué es lo que subyace en medio de mis exposiciones.

¿Esto, a qué viene ahora? Me pregunto.

Día 15 de abril. Jueves.

Del manuscrito de Jorge

—¿Jorge González? — Sí, soy yo. —Buenos días caballero. Por favor pase al despacho n.º.3; el doctor le   atenderá. — Gracias señorita.

Golpeo con los nudillos sobre la puerta, abro y entro en el despacho. ——Con permiso doctor. — Se   levanta de su asiento,   me ofrece la mano — ¡Buenos días! señor González, gracias por venir a mi clínica. Me llamo Luís . Cardiólogo y Psicólogo Clínico. —¡Curioso doctor Garrido! Por eso he contactado con esta clínica privada, creo que mis síntomas tienen que ver con las dos especialidades. — Bien señor González ¿Me permite que le tutee? —Sí doctor, faltaría más. — Gracias Jorge, te voy a hacer unas preguntas:

— ¿Edad?, ¿Profesión? ¿En qué trabajas Jorge?

—Cincuenta y tres años, Ingeniero Industrial…; soy el responsable del mantenimiento integral de una cadena de embotellado de refrescos de primera marca. —A lo que responde el médico;

—¿Estado civil?, ¿Hijos? — Dos hijas, una de 25 y otra de 23

—¿Fumas? ¿Tomas alcohol? —

Sí, sobre 2 cajetillas diarias. Y alcohol, últimamente más de lo que debería, pero sin perder el control hasta ahora.

— Perdona la pregunta Jorge…, ¿y otros excitantes? — preguntó con un tono prudente y suave.

—Café, mucho… como seis tazas. Drogas no, si es a lo que se refiere. — El doctor escribe constantemente; el trazo de su lápiz sobre el papel, me pone nervioso. Todos sus gestos, los hace con parsimonia; parece que estudiara todo con detalle... De vez en cuando me mira, tratando de escrutar mis reacciones, supongo que lo hará con el propósito de evaluar mi punta de estrés. Intento eludir su escudriñadora y persistente mirada, aparto la mía hacia una estantería llena de fármacos. Me hace sentir sonrojo al tener que confesar y dejar al descubierto mis insanas costumbres. Es un tipo raro el tal Luis Garrido. De repente le aparece un tic en la boca que le hace distorsionar su expresión como si estuviera sonriendo, pero adivino, que esta no es su intención, más bien intenta mantener un gesto serio de solemnidad, mientras yo le contesto confesando mis "pecados". De todas formas, esta situación, resulta inquietante, pues parece que lo del examen de mi salud, no va a terminar con un porvenir muy halagüeño. Soy consciente de mis excesos.

Me han dado muy buenas referencias de este doctor, y no dudo de sus capacidades; pues todas estas paredes están repletas de títulos y diplomas. Aunque también tiene unos honorarios altos (que conste), pero me da cierta confianza de estar bajo su cualificada experiencia.

—De acuerdo Jorge, te voy a tomar la tensión. Quítate la camisa. —Así lo hice, y me indicó que me sentara al filo de la camilla y procedió. — Bueno, la tensión alta, 17 de máxima y 9,5 de mínima, las pulsaciones están por encima de 100. — Voy a escucharte el pecho… respira....

— ¿Eres alérgico a algún medicamento? — No, que yo sepa, nunca dio reacción nada. —Retiró el fonendoscopio de sus oídos y con una voz pausada que a mí a priori me sonó inquietante, noté que algo no le gustaba de su exploración. Pero cambió ese tono y preguntó: — Jorge. ¿Vienes en ayunas? Supongo, que te lo indicó la recepcionista al coger cita. — Sí, doctor, no he tomado nada desde anoche. — No sé porque en aquellos momentos al doctor, el tic se le acentuó. Llamó a la enfermera y escribió sobre un papel y le estampó un sello de caucho que instantes antes había sacado de uno de los cajones de su mesa, no sin antes abrirlo con una antigua llave. Instantes después entró la enfermera y el doctor le entregó el documento diciendo:

— Tamara, para el laboratorio, radiología y farmacia. Acompañe al laboratorio al señor para analítica completa, un electrocardiograma y radiografía de tórax. Que le suministren un comprimido de betabloqueante y el ansiolítico que le indico en la receta y que se los tome ahora. Por favor, haga el seguimiento de las pruebas, para que estén aquí los resultados mañana a las 10:00. — Sí, Doctor. – Contestó la enfermera. — Jorge, podrás desayunar después de las pruebas. Mañana a las 11:00 nos vemos aquí; a esa hora, supongo que ya habré estudiado los resultados. ¿Te viene bien? Te adelanto que eres una persona con factor de riesgo, pero esperemos a mañana para saber a ciencia cierta hasta qué grado. — Espetó con cierta gravedad en su voz. — A las 11:00 estaré aquí Doctor, buenos días y gracias –le contesté con cierto aire de preocupación y falsa entereza, ya hace tiempo que me cuesta guardar el equilibrio emocional, sé que en cualquier momento me voy a derrumbar. El doctor asintió con la cabeza e hizo una mueca de sonrisa que no sé si lo era o más bien era producto de su tic. Me han realizado todas las pruebas y he tomado los dos comprimidos. Voy a la cafetería que está situada al lado de la clínica…

Hay mucha gente. Se acerca un camarero. —¿Qué desea tomar, señor? —Buenos días. Por favor, póngame un café y una tostada con aceite de oliva, bueno, mejor un descafeinado…—Cómo usted desee señor.

Suena el móvil, miro la pantalla. ¡Uf! El director de producción. ¡Impertinente! —Buenos días Julián, dime.

—Jorge, la embotelladora está parada y los técnicos que tienes aquí, no resuelven nada me contestó colérico. — Que sepas que esto, lo voy a poner en las incidencias con todas las unidades que no hayan salido…

Le contesté airado —¡Oye! Estoy en el médico. No me amenaces, si quieres ve al gerente y se lo dices. De todos modos, voy inmediatamente para la fábrica. — (Interrumpo la comunicación).

Cap. 11.º. Me llueven los golpes

Me pongo al volante de mi auto y emprendo la marcha hacia la fábrica, con el propósito de arreglar la avería lo más pronto posible en la cadena de embotellado.

Mientras circulaba, espontáneamente delante del vehículo se atraviesa un perro y por evitarlo hago un rápido e instintivo giro de volante, pierdo el control de la dirección, colisionando con gran fuerza contra una farola del acerado. A consecuencia del estrepitoso golpe, mi cuerpo es lanzado hacia delante como queriendo salir por el parabrisas. Los airbags se dispararon al instante y me golpean cual guantes de boxeo. Me encuentro rodeado de bolsas blancas que se van desinflando poco a poco dejando en el aire una nube de polvo blanco. Me pregunto qué me habría pasado, de no llevar el cinturón de seguridad abrochado. Me palpo el cuerpo; por si hay heridas o roturas de huesos; pero solo noto magulladuras; molestias en el cuello y confusión; pero supongo, que después cuando me enfríe, me voy a acordar del perro callejero que se ha cruzado. Estoy bajo el efecto del shock, no sé cómo, pero el golpe también me ha descalzado de un pie. ¡Curioso!

Me suena el móvil…, turbándome aún más y sin vacilar descuelgo instintivamente. Es mi ex…, ¡maldita sea! Sin darme siquiera los buenos días, empieza a darme órdenes, como tenía costumbre de hacer desde que nos casamos y hasta incluso después de divorciarnos. Con tono inquisitivo me dice:

—Este viernes, antes de las cinco te tienes que pasar por mi apartamento, para llevarte el perro a tu casa; ya sabes te toca cuidarlo. Carlos y yo nos vamos a la costa a uno de sus gimnasios.

Me habló con gran desprecio; a lo que le contesté muy enfadado.

—El perro te lo puedes llevar de viaje, como lo hacíamos o lo dejas en un hotel de animales. Yo no voy a recoger el perro, que lo sepas.

Interrumpo la comunicación inmediatamente.

¿No te fastidias con la sargenta…?

Pero en fin… El pobre animal no tiene culpa.

Me anudo el zapato, salgo y reviso el auto. Hay curiosos que se acercan a ver, otros a preguntar si estoy bien, son los menos. Estoy aturdido, mareado, supongo que será de las cervicales. Los daños al automóvil son importantes.

Llamo a mi seguro y doy parte para que lo recojan y lo lleven a un taller. Así como también, para que se comunique al ayuntamiento por el daño que se ha causado a la farola.

Suena de nuevo el teléfono. Es de nuevo el pelmazo de Julián que con sorna me dice:

—Señor jefe de mantenimiento, esto sigue igual…, ¿cuándo llegas?

— Ya cojo un taxi, he tenido un accidente con el coche.

— ¿Médico…?,¿accidente? ¿No habrás bebido ya de mañana? – me replicó con aires sarcasmo e incredulidad. Sin más explicaciones le corto la comunicación a este imbécil...

Ya había pasado como una hora, cuando apareció la policía local, que levantaron un informe, e hicieron fotos del auto, la farola; y a mí un test de alcohol…, (estaba tranquilo, pues no había bebido nada).

Una señora se acercó a la Policía Local para comentarle que había sido un perro que se atravesó. Esta señora en esos instantes de la colisión, limpiaba el portal de un bloque de pisos; o sea, ella estaba haciendo su trabajo cuando sucedió el fortuito accidente. Protestó diciendo que los animales sin dueños se hacían sus necesidades en su portal y que estos perros sueltos; debe el Ayuntamiento hacerse cargo de estos; porque los animales son un peligro para cualquier conductor. Por ejemplo, este señor que se podría haber matado... Sí, escríbalo ahí, que yo voy de testigo a dónde haga falta. Me llamo Emilia Reverte y este es mi DNI…

La policía me dio una copia del atestado que guardo para defender los destrozos de mi automóvil o las secuelas que me pudieran surgir, nunca se sabe si va a hacer falta. Al final, si hay alguna norma municipal que avale lo de los animales sueltos o vagabundos, sería culpa del Ayuntamiento, o de algunos dueños de animales que los sueltan en la calle. Me puede venir muy bien el testimonio de esta señora para que lo defienda el abogado del seguro.

Me recompongo como puedo. Subo a un taxi y le doy la dirección del polígono industrial, dónde está situada la fábrica en la cual trabajo. Suena de nuevo el teléfono esta vez es un número que no tengo en agenda, ¿Quién será?

—Buenos días, dígame. —Buenos días, soy Esteban Rubiales, Director General en la Península. Le esperan en la fábrica por una avería que nos está haciendo perder muchas unidades de producción. Espero que mañana, usted y yo tengamos una reunión en la fábrica a las 12:00 horas en el despacho del gerente.

El corazón se me va a salir, se me seca la boca, solo escucho el clic de cuando cuelga su teléfono. Un sudor frío y una palidez recorre mi cara mientras siento presión en el pecho.

El taxista enseguida se percata de todo y me pregunta: Oiga. ¿Está usted bien? ¿Le conduzco al hospital? No sea que el golpe que ha tenido con su coche….

— No, muchas gracias, déjeme en la puerta de esta fábrica, tome quédese con el cambio.

— Gracias señor, cuídese.

A la entrada de la fábrica me está esperando Carlos el musculoso amante de mi ex, sin mediar palabra me agarra por la pertrechada solapa de la chaqueta; y me propina un puñetazo en la cara que me hace perder el equilibrio y caigo al suelo…, aturdido veo como se dirige al coche, precisamente ella estaba dentro como espectadora de excepción y júbilo, con una carcajada, me levanta el dedo corazón de su mano en señal de burla, mientras él entraba y cerraba. Bajó el cristal de la ventanilla y gritó: —La próxima te reviento. ¡Qué me das pena nenaza!

Partió chirriando ruedas, mientras que el guardia de vigilancia de mi empresa trata de alcanzarlo, sin convencimiento, veo que no quiere que a él también le golpee. Trato de levantarme, me auxilian, doy las gracias mientras me ofrecen unos pañuelos de papel para que limpie la boca ensangrentada.

Voy al servicio médico que tenemos en la fábrica, me examina el doctor, echa fotos a mí herida del labio y la ATS con gran dolor para mí, me cose el corte.

Me digo: "Este día va a ser memorable, aquí no acaba todo"

☐

Entro y me dirijo inmediatamente a la sala de control. Efectivamente, después de hacerle un chequeo al proceso de la cadena de embotellado, advierto que uno de los relés que predispone la maniobra de encapsulado de las botellas, no accionaba y con ello me alerta que la cadena está paralizada en un lugar concreto. Me dirijo al lugar de la máquina y veo a mis operarios; que están justo en el sitio que tenían que estar; tratando de solucionar el problema. Mientras Julián, (jefe de producción) está mirando con los brazos en jarra… Cuando me ve llegar, cómo voy de desaliñado y con los labios heridos; disimula, hablando con el encargado de producción y se aleja cobardemente del lugar, intentando evitarme. Algo habrá hecho en mi perjuicio, lo noto en su comportamiento. Efectivamente el tensor de polea y la correa estaban rotas, piezas que no tenemos en stock, aunque están pedidas a Alemania desde hacía al menos seis meses. Nos tomó casi toda la noche adaptar unas nacionales de similares dimensiones, que no me ofrecían la garantía de un correcto funcionamiento, pero había que poner en marcha la cadena de montaje. Gracias a que, en los informes de todos los mantenimientos preventivos que tengo realizados y entregados; le tenía comunicado al gerente; lo de las correas, para que por favor les hablara a los alemanes del urgente suministro de dichos repuestos. Cuando terminamos, son las seis de la mañana, la maquinaria ha quedado en servicio. Estoy muy cansado, yo diría que extenuado; con el cuerpo dolorido y la boca inflamada. Javier, uno de los operarios que ha estado conmigo en la avería, me está acercando a mi casa en su camioneta.

Me doy una ducha rápida, mientras que la cafetera se calienta; me   pongo el pijama, tomo un par de aspirinas, y me acomodo en el sillón relax.

Reflexiono sobre todo lo ocurrido durante este día tan funesto para mí. Me hago café y fumo un cigarrillo. Mi cuerpo está dolorido del accidente y de la agresión inesperada y cobarde de   aquel miserable. Duele   más el orgullo que la herida que me causó. Algún día me lo echaré a la cara y no le voy a dar la oportunidad de defenderse, sino que lo voy a tumbar boca arriba. Aprieto mi boca en un gesto de rabia contenida y noto que mis labios vuelven a sangrar profusamente. Programo la alarma del despertador para las diez de la mañana, ya que tengo cita concertada con el médico. Mientras, el tic tac del antiguo reloj de pared que tengo en el salón parece acunarme. Suenan las campanadas, las siete de la mañana y comienzo a tener mis diarios quince   minutos de pensamientos, epílogo de mí ajetreado día, dónde se mezclan lo real y lo irreal, o sea esas acciones que quedaron marcadas, y que poco a poco, se van entrelazando a su antojo, a medida que voy entrando en el sueño más profundo.

Día 16 de abril 2016.

Viernes, 11:00 de la mañana.

Llego a la clínica a la hora concertada... La señorita me hace pasar al despacho del doctor Garrido

— Buenos días doctor — Buenos días Jorge; por tu aspecto parece que te hubiera atropellado un tren. —Más o menos…, ayer no fue mi mejor día. Bien, Luis soy todo oídos — Te comento Jorge. En la analítica de sangre salen altos el colesterol y triglicéridos y algo más, pero son indicios menos importantes. Esto es un factor de riesgo de accidente vascular. En cuanto a los pulmones, te muestro aquí; esto es del tabaco...; fumas mucho. — Me muestra una placa, me mira fijo, mientras mi rostro circunspecto denota que estoy empezando a sentirme mal. — Jorge escúchame: Importante y grave; es que has tenido una isquemia cardiaca, es a lo que le llamamos angina de pecho, síntoma que parece ser, tú no has advertido. Tienes factores de alto riesgo de sufrir infarto de miocardio o ictus. Perdona Jorge, si te soy tan directo. Debes comprender que advertirte de los riesgos que corres, es mi obligación. — Esto me hace sudar profusamente de una forma instantánea, cuerpo e incluso ropa quedó regado por un sudor frío. Se me seca la boca y me da un pequeño vahído. Él advierte mi estado y enseguida, me ofrece una pastilla para ponerla bajo la lengua. Me hace tumbar sobre la camilla, me toma la tensión arterial; la enfermera a sus indicaciones, me aplica una inyección. Yo solo pensaba en ese momento en mis hijas y mi nieta. Luís, con un tono de voz relajante trata de sacarme del shock. — Bueno, tranquilízate Jorge tratemos de tomar las necesarias medidas para que esto mejore. Me dio unos minutos para que me fuera recuperando; tomando aliento y asimilando aquellas palabras que me sonaron a una sentencia de muerte; ni "La crónica de una muerte anunciada" de García Márquez; la igualaba.

Luego Luis, con un gesto serio, sentenció: —No puedes fumar, nada, ni nunca. Evita estar en los momentos en que otros lo hagan, ni por asomo, te eches un cigarrillo a la boca,   las pulsaciones de inmediato se pueden acelerar. No   puedes   tomar bebidas con contenido alcohólico; no puedes ni debes tomar cafeína u otros excitantes que suban la presión, solo   descafeinados o zumos naturales a ser posible. No puedes tomar alimentos grasos y harás una dieta sana que te ponga. Tienes que hacer ejercicio moderado y cuida de llevar un detector de pulsaciones; porque tendrás que bajar la intensidad de tu ejercicio, cuando te avise el aparato, llegado a cierto número de latidos por minuto. Haz regularmente ejercicios de relajación y una terapia de comportamiento   equilibrado. De tratamiento farmacológico, te receto medicamentos que ayudarán a reducir los riesgos: Un betabloqueante, un ansiolítico, aspirina 100 miligramos. Para el síndrome de abstinencia del tabaco y alcohol te recomiendo terapia de grupo; en esta dirección. Esto lo lleva una psicóloga y una socióloga que son muy buenas profesionales. No te ayudará el asustarte, solo pon mucho interés en mirar por estas premisas   que   te doy, huye de los conflictos y tómate unas vacaciones; pues te hará bien. Si haces todo esto, tienes muchas posibilidades de mejorar tu salud. Pero asume la idea que esto es para el resto de tu vida, repito, el tratamiento   es para siempre. — Parece que la píldora que me ha dado o la inyección o ambas cosas me han relajado.

Sabía que este momento llegaría porque conozco casos como el que hoy serán el diario del resto de mi vida. Tristemente, me doy cuenta que para mí las reglas también existen. —Ahora estoy mejor, voy a hacerte caso. Tengo que cambiar esta filosofía de vida…— Gracias Luis. ¿Cuándo he de volver por aquí? —Tamara te dará cita para el mes que viene, ese día se te hará electro, analítica de sangre, orina y me pasarán los resultados. Te haré llamar para una nueva cita. Jorge, sorpréndeme con una mejoría. — Me da la mano, mientras me dice: —Cuídate por favor. — Pago la factura en recepción y salgo. Busco mi coche no lo veo, lógico, entre la pastilla que me proporcionó el doctor, el no dormir y todas estas noticias sobre mi salud, ni me acuerdo que está destrozado en el taller. Busco el tabaco, ¡¡eh!!… no puedo fumar.

Día 16 de abril 2016.

Es viernes, 11:40 de la mañana

—¡Taxi!... ¿Me lleva usted al polígono industrial El Abeto? —En la fábrica; la señorita de recepción, como siempre, me recuerda las reuniones. — Buenos días Señor González —Buenos días, Carmen. —Ella consultó en la agenda y dijo: — A las doce tiene usted reunión en el despacho del gerente. —Gracias, ya voy para allá.

Bueno, gracias que llevo la factura médica de la clínica y   la copia del atestado de la policía local de ayer, supongo que de algo me servirá, no obstante, voy a hacer copias y las hago constar en administración con acuse de recibo, por si acaso están pensando en despedirme. Me asomo a la nave y veo que la producción está funcionando. Va medianamente bien, solo noto un pequeño silbido en la correa que adaptamos, lógico ya que, no es la original de esta máquina. El jefe de   producción me ve y se evade del sitio como alma que lleva el diablo; apresuro el paso, pero no lo puedo alcanzar, está claro que cobardemente me evita. Esto no me gusta nada.

Estoy cansado… me apetece fumar, y aguanto las ganas. Son las 12:00. Pido permiso para entrar en el despacho. —Entre. — Buenos días Don José. — Buenos días Jorge. El señor Rubiales no va a venir, al final, le han surgido cosas. — Pienso y me pregunto: ¿Será bueno o malo? —Jorge como bien supones, estoy al tanto de la avería y la falta de repuesto original…, aunque lo hayas advertido en varias ocasiones; no es culpa mía que no lo hayan traído y lo siento. Insistiré. — Te doy las gracias por rearmar la producción. Podías haber dicho que no tenías repuesto. Pero no, buscaste una solución. Estuviste durante toda la noche al pie del cañón, e incluso supongo que, con el cuerpo dolorido por el accidente. No te marchaste hasta que dejaste funcionando la línea.

—Sí, Don José, pero eso está en precario, puesto que tuvimos que adaptar piezas que no son las originales de la máquina.

—González; ayer me llamó también el señor Rubiales muy enfadado ya que había recibido una misiva anónima, en la cual hablaban de ti muy mal, por cierto, llamándote borracho, crápula, y desordenado. Rubiales, no me ha revelado quién es el cobarde, pero me imagino que de uno de los ejecutivos de aquí; le prometo Jorge que lo voy a averiguar. No quiero soplones, y menos que me salten por encima para cacarear al Director Nacional. Yo salí en tu defensa y conseguí calmar sus ánimos, pero ya sabes, no sé, si en otra ocasión...

—Lo entiendo y muchas gracias.

—Jorge, con tu vamos a recoger tu coche del taller dónde lo llevó la grúa y lo traemos para nuestro taller cómo sabes, tenemos un chapista-pintor que te lo dejará nuevo. A mí me arregló el mío y quedó impecable, mientras tanto te pongo un coche de la empresa a tu disposición, es un todoterreno, úsalo el tiempo que te sea necesario. —Venancio de administración, me ha advertido de que hay una factura de la clínica que has utilizado como justificante de la causal ausencia de tu mañana de ayer y quiero que sepas que en las próximas nóminas: se te irán compensando esos gastos que has tenido. Lo haremos en concepto de prima. Por favor no digas nada a los compañeros, sabes que eso no es obligación de la empresa, más bien es una deferencia que tenemos contigo. —Ayer la empresa de vigilancia, nos pasó la grabación, dónde ser puede ver que eres agredido, dentro del recinto de la fábrica y hemos denunciado en los juzgados y comisaría de policía. Mi hermano es juez, le he llamado y pedido consejo. No voy a permitir que lesionen a un directivo de nuestra empresa. El doctor Rodríguez ya entregó su parte de lesiones y nos vamos a querellar penalmente contra ese matón, a buen seguro, que va a quedar sin ganas de molestar ni tan siquiera a una mosca de mi fábrica.

Mi cuerpo   está inmóvil, no sé qué decir, cuando mis ojos se enturbian, él me dice: —Venga Jorge váyase a su puesto que hay mucho que hacer.

Mecánicamente me levanto, él tiene la cabeza agachada, sabe que no debe ver mi debilidad en ese momento. — Muchas Gracias, Don José. — Sin levantar la cabeza, hizo un gesto, invitándome a salir del despacho, haciendo como que leía y escribía en un documento. Aquella conversación con mi gerente fue lo mejor que me ha ocurrido en años. Por fin un ser humano que apuesta por su gente a costa de sí mismo. Salgo de su despacho, con la fuerza de un joven, a trabajar y a hacerlo lo mejor que puedo y sé. Por fin buenas noticias, nunca lo olvidaré y yo que me creía despedido… ¡Es increíble!

Ahora he de preocuparme por afrontar unos nuevos hábitos para mejorar mi salud. Hacer lo que me ha dicho el doctor y tomar los medicamentos. Es la hora de una de mis pastillas. ¡Uf! Me cuesta alejarme de lo prohibido, intentaré llevar bien tanta abstinencia. Me echaré a la boca el falso cigarrillo este de plástico, aunque ya tenga puesto el parche de nicotina, que he comprado junto con los medicamentos.... ¡Ánimo! Haré una inspección por la maquinaria de la fábrica. Suena el teléfono móvil. Es mi hija Patricia, (la mayor). —Hola hija. ¡Qué alegría de escucharte! ¿Cómo estáis todos? — Bien papá, la pequeña está resfriada y le están saliendo piezas de la dentadura. Mi marido está bien, trabajando y yo estoy de vacaciones una semana. ¿Y a ti qué te ha dicho el médico? —¡Por qué habrás ido! —Patricia hija, he ido y me ha quitado todo, no puedo fumar, ni beber y además me ha mandado un montón de medicamentos. ¡La edad hija! — ¡Lo sabía!, no es la edad papá, es que te castigas mucho, porque fumas demasiado, algunas copas de más y llevas mucho estrés. — Por unos instantes quedó callada y después continuó diciendo — Mañana durante la tarde, deseo que tengamos una reunión mí hermana, tú y yo. Vamos a planificar una ayuda en tu tratamiento y reconducir tus actividades para que te recuperes. — ¡Uf! os temo. —Nos vas a dar el informe médico junto con el tratamiento…, intentemos planificar para que todo se arregle y me refiero a nuestros cuidados y corregir tus hábitos. — ¡A sus órdenes! Hablamos mañana, besos para todos.

Me paso por dónde cambiamos la correa y sigue haciendo la misma vibración y el silbido constante…, esto no va a durar mucho sin que rompa de nuevo. Tendremos preparado otras dos correas y poleas nacionales que son un poquito diferentes en sus medidas, esto, mientras viene el repuesto original de Alemania.

Por la megafonía de la nave se oye mi nombre para que me dirija al almacén. Noto hormigueo en los labios y en los dedos. Entro en los aseos y lavo las manos con agua caliente para activar la circulación de la sangre, me miro en el espejo y noto mis labios violáceos…, aparte, que el inferior está inflamado por el golpe que me dio el matón. Me recompongo y me dirijo al almacén, ya hace varias horas que no fumo, no bebo, ni tomo café. ¡Esto cuesta a rabiar!

—Buenos días señor González; ha venido un paquete urgente de Alemania, y en el albarán especifica una lista de los repuestos que usted ordenó pedir en la prehistoria; ¡para que después digan de los españoles...! — Lo inspeccioné y en efecto. — Fantástico Narváez, esto es lo que esperaba, entonces la reparación se hará este próximo domingo, quiero decir con esto, que el almacén me hace falta que esté abierto, te pido que vengas para suministrar materiales y herramientas a mis chicos. ¿Puedes por favor? — Muy bien señor González, aquí estaré a las 8:00. ¿Me tengo que traer de comer?... — Niego con la cabeza. — No, si tenemos que seguir por la tarde, encargaremos algo de picar desde el restaurante. ¿Te parece Narváez?

Contacto telefónicamente con el gerente, para exponerle mi previsión de mantenimiento correctivo (cambio de piezas de repuesto) para el domingo… Mañana sábado el departamento de producción va a intentar recuperar el desfase negativo que se produjo, durante la parada debida a la avería. El domingo aquí producción no trabaja excepto en temporadas altas de calor, aprovecharé y cambiaremos las piezas y haremos una puesta a punto con su reglaje y engrase.

Tomo los medicamentos que ya es hora y la de ir a casa. Hoy tengo que hacer el listado del mes, pero lo haré esta noche en el portátil y lo envio por correo electrónico.

Cojo el coche de la empresa y conduzco hasta llegar al aparcamiento subterráneo de casa; mientras, pienso en lo que me dijo mi hija Patricia. Estoy seguro que me van a poner firme entre las dos. La verdad…; es que me he dejado ir mucho y ahora me vienen las consecuencias, de todas formas, aunque parezca una auto excusa, el trato con mi ex no fue ni por asomo buen caldo de cultivo para mí equilibrio, además, ella me dejó plantado diciendo que el amor se había roto y después me enteré de que antes de que abandonara el hogar la habían visto en varias ocasiones, entrando en el apartamento de su amante; en este caso el que hoy es su pareja.

Cap. 16.º. Mi perro es especial.

Escucho ladridos…, mientras voy entrando al edificio donde vivo. Encuentro a Rocky atado con una cuerda al pomo de la puerta de mi apartamento. El animal me ve y salta de alegría…, ¡pobre animal! Mientras, mi vecino enfadado. (Suelta improperios; que no me resultan educados, pero si justificados) y este señor me dice: — ¡La policía ya está enterada de esto! —Pensé; — ¡Que mala es esta mujer! —Desato mi perro y entramos en casa.

Suena el teléfono…; es mi ex, que con voz inquisitiva me dice: —Te exijo, que retires la denuncia inmediatamente; para salir de viaje con mi pareja. — Sorprendido le contesto: — ¿Qué denuncia? —Lo sabes de sobra; la que has puesto por entrar en propiedad privada y no sé qué de lesiones a ti. Ha venido la policía buscando al conductor del vehículo; lo han esposado y llevado preso con cargos. —¡Ah! ese matón barriobajero, tiene antecedentes de ir pegando a la gente, pues que sepas que no he sido yo el de la denuncia, ha sido la gerencia y el servicio médico de la empresa, por haber atacado a un directivo dentro del recinto de la fábrica y con resultado de lesiones. Hay pruebas de video de la vigilancia, la matricula; informe de la empresa de seguridad y médico…, pero no dudes que no bastará con eso, yo os voy a poner dos denuncias más: Una a él, por daños físicos y secuelas y con lo cual, quiero una indemnización y mi abogado pedirá hasta orden de alejamiento. Con un poco de suerte le caerá cárcel por reincidente. — La siento resoplar y sin darle tiempo a contestar, le digo:

—Quiero que me devuelvas el coche que compré para ti, pero está a mi nombre. Aún lo estoy pagando mensualmente. Lo quiero ya y como nuevo o voy a dar parte por robo…; cuando te lo llevaste para pasear con tu novio, tenía una semana y no has sido capaz de sacar el carné de conducir, ¿y quién lo maneja…? Ese matón. Hasta se le ha visto, con compañías femeninas, paseando por la ciudad. Es un apunte que te hago. —Subí la voz con la autoridad que me da estar en poder de la razón. — ¡Además el coche no está en el acuerdo de divorcio! ¡Se acabaron las concesiones! ¡Ahora…, te vas a enterar de quién es González y el dedo que levantaste ya sabes! …Me alegro que el tipo esté encarcelado. "Míster Olimpia de los Esteroides." — Me río fuertemente. —¡Ah…! Y otra denuncia a ti; mala persona, por maltrato de un animal. Dejaste a Rocky atado todo el día, sin tan siquiera un poco de agua. El vecino es testigo de tu crueldad. Don Genaro ha llamado a la policía y menos mal que he llegado antes de que la patrulla canina se lo llevara a las perreras municipales.

Con un ataque de histeria, ella gritó como nunca…, adiviné espuma en su boca. —¡Ojalá te mueras cerdo, a ver si te revienta el corazón, un día de estos! — Desconecto la comunicación con cierta satisfacción para mí, al notar su cólera.

Me noto las pulsaciones aceleradas. Pongo agua y comida a mi amigo Rocky y le doy un paseo rápido por el parque…, que necesito terminar alguna cosa y me quiero acostar pronto. Estoy muy cansado y dolorido. Abro mi   portátil y relleno el listado mensual y lo envío por internet. Me ducho, cepillo mis dientes, tomo la ración de medicamentos y a dormir… ¡Uf! Fumaría un cigarrillo y me tomaría una copa. En fin, corrijo y sólo tomo un zumo de naranja. ¡Ay! mi labio, me escuece... Pero más les dolerá a estos dos monstruos con la que les va a caer. Esto no se queda así, ya es hora de que los ponga en su sitio, bastante bochorno me ha hecho pasar esta bruja y su amiguito. Hoy fue comentada mi odisea en media fábrica... ¡Qué vergüenza!

Son las 2:00 de la madrugada, no me encuentro bien…, Rocky está pendiente de todo a mi alrededor. Para mí, parece como que el animal notara algo anormal…, algo que le inquieta. Los animales tienen un instinto especial. Me tomo otra media tableta para dormir. El perro mira constantemente hacia la puerta, como si hubiera algo que lo turbara, gruñe y enseña los dientes en postura amenazante, se le encrespa el pelo del lomo. Acaricio su cabeza y se calma…, solo gime un poco. Caigo en un profundo sueño.

Son las 8:00 de la mañana, sábado, no tengo que trabajar, al final he descansado bien y con cada día que transcurra, iré alejando la amenaza de infarto, no fumo, no bebo, como sano…

Hace un día espléndido que invita a vivir, me pongo mi chándal y a Rocky su arnés. Hacemos una caminata de varios kilómetros y me siento en una terraza cafetería del parque a tomar un descafeinado, un   zumo de naranja y media tostada para mí, y media docena de churros para Rocky. Después nos vamos a casa, por el camino le voy hablando a Rocky que de vez en cuando me mira y mueve su cola.

Me ducho y me dirijo al centro comercial a hacer unas compras en el supermercado, que tengo el refrigerador vacío

Cap. 17.º. El Infarto.

Menos mal que me da tiempo antes de que vengan mis   hijas, porque lo primero que hacen es: Revisarlo todo y hasta en los armarios a ver si tengo la ropa limpia, planchada y ordenada.

¡Las adoro! Desde que su madre se fue un buen día, mis hijas me llaman frecuentemente para saber cómo me encuentro, se preocupan, traen a casa comidas cocinadas por ellas   y me llevan al centro comercial, para que me compre ropa. Me acuerdo que hasta una vez me quisieron   presentar a una mujer divorciada que trabaja de médica en un hospital… Bueno, creo que ya con   una vez, tuve bastante. ¡Qué pesadilla! Menos mal que mis hijas están casadas felizmente. Que por cierto a la boda de Elena, su madre se presentó con su míster.

Día 17 de abril 2016.

Sábado a las 10:30 de la mañana.

Aparco en el centro comercial. Con un carro entro en el supermercado, saco la lista de las cosas que necesito; cuando suena el móvil. Mi ex; es ella de nuevo y con un tono sarcástico me pregunta: —¿Todavía estás vivo? — Pongo a grabar la conversación en el móvil. — Y le contesto: — ¿Qué quieres ahora? —A lo cual me responde, bramando más que hablar — Lo vas a pagar y vas a morir entre espasmos de dolor; me estoy encargando   de ti. — Empiezo a sentir una presión   fuerte que me   traspasa   desde la espalda, un dolor en brazo izquierdo; cuello y la mandíbula. Siento vértigo, todo se vuelve opaco en cuanto a la vista y la confusión. El móvil cae de mis manos…, me agarro al carro de la compra, pero me abandonan las fuerzas y con un dolor insoportable caigo al suelo. Sé que este es el momento de mi muerte; es   aquí y ahora. Oigo gritos de gentes a mi alrededor, hacen coro y alarmados piden ayuda; son gritos de mujer y una niña que es lo que me llega con más   nitidez, gritos que se van desvaneciendo tal como mi conciencia. No puedo respirar y me invade una confusión en lo que supongo es el adiós al estado biológico para entrar en un otro de abandono…Es como la transición que experimento en los minutos cuando   cada día se entra en el tránsito al sueño profundo y las pesadillas.

No sé el tiempo que ha pasado y siento una sensación extraña. Abro mis ojos y puedo ver que floto en el aire, es la sensación que creo se puede sentir en el espacio al no haber gravedad o peso corporal. Momentáneamente una intensa luz brillante me ciega como la que sientes al salir de un sitio muy oscuro. Ha desaparecido el dolor…Solo noto una paz sublime. Los movimientos se enlentecen como si no transcurriese el tiempo. Ahora en estos instantes puedo oír la conversación de una doctora con un enfermero. Una sirena de ambulancia va pidiendo paso…Entre tanto ruido y vaivenes, oigo y veo el esfuerzo que se traen para resucitar aquel cuerpo inmóvil, aplicando descargas eléctricas y respirador mecánico. Cuando se apartan por un momento me contemplo, me puedo ver desde otro plano espacial, pero esto no me provoca desconcierto. Puedo contemplar mi propia cara desencajada e inerte. Soy yo.

El ayudante de la médica no tiene rostro, es como si fuera un espontáneo que no tendría que estar allí.

La doctora coge mi teléfono y llevándolo a su oído, dice:

—Rebeca Martínez soy médica. Perdone, siento decirle, que este señor no tiene constantes vitales. Por favor, lo pongo en su conocimiento, por si es usted un familiar o conoce a alguno. Nosotros una vez que lleguemos al hospital, su cuerpo pasará por el grupo clínico de guardia, para certificar el fallecimiento. Hemos hecho cuanto hemos podido en UVI Móvil según el protocolo establecido de reanimación cardiopulmonar, pero ha sido infructuoso. ¡Ah! Perdón. Este señor, dejó en grabación su teléfono cuando estaba hablando con usted. Queda en nuestro poder, para estudiar los momentos en el que se produce el colapso…, este móvil será entregado al juez, que a su vez lo entregará a su familiar directo cuando lo estime conveniente.

Estoy inmerso irremisiblemente, en una fase en la que intento asumir, aquella nueva situación. Resignado a la vez que aturdido; como el que intenta despertarse de algo muy parecido a una pesadilla en la que eres consciente y te encuentras atrapado en un proceso del cual no puedes cambiar. ¿Sueño? ¿Viaje? ¿Realidad paralela?

Espero noticias de este trance, no sé qué suerte me espera en esta etapa…, muchas preguntas me asaltan y las imágenes de mi vida pasan por mi mente a una velocidad de vértigo. En ellas todos los recuerdos extremos de una actitud mala o buena en mi estancia terrenal. Evocaciones inherentes a mi conciencia.

Voces que por mucha rapidez que llegan a mi mente, me llevan a conclusiones y reflexiones de todas las cuentas de mis acciones. Puedo ver a los seres queridos en escenas que en su día me quedaron marcadas en las retinas; pero que desde hace tiempo quedaron bien escondidas en un baúl de las desidias. Mi mente alcanza un gran poder en la capacidad de procesar cada situación mostrada…, ¡cómo jamás hubiera imaginado!

La percepción del espacio/tiempo no tiene la medida a la que estoy acostumbrado a calcular. Tengo la sensación de haber vuelto a mi infancia, los objetos son grandes y la luz y el sonido más intensos. Mi cuerpo astral, flota sin criterio, al no ser materia, carece de gravedad. Estoy liberado de dolores, puedo respirar con una capacidad que jamás tuve, aun cuando era un atleta en mi periplo universitario. Sin embargo, puedo percibir un olor nauseabundo, que sólo podría aguantar un ser vivo, por estar acostumbrado a ello. El entorno está lleno de negatividad, puedo ver incluso bacterias, microbios, enfermedades que tratan de infectar los organismos de las personas que se encuentran en este tétrico escenario. Hombres y mujeres muestran un aura de reflejos de luz de diferentes colores que emanan de las siluetas de sus cuerpos, y por ellos puedo distinguir instintivamente la pasta con que están hechos como seres humanos. Puedo ver incluso las enfermedades y cuyos órganos están afectados. En las personas de algunas de las habitaciones, veo también una figura que por su aspecto es igual a la que me vigila. Mi figura astral flota por encima de la camilla en la que conducen mi cadáver hacia no sé dónde, es como si mi energía se mantuviera sujeta un cuerpo de color entre violáceo y amarillento, mi boca entreabierta en el último intento de respirar; y mis labios recogidos dejando ver la dentadura. Un cordón de luz cada vez más tirante y frágil es el nexo de unión que tengo con mi cadáver. Un destello de luz instantánea acompañado de un sonido de algo que se rompe, produce una separación y liberado de la unión con la materia inerte. Creo adivinar que, en la rotura de ese cordón, se produce el desenlace definitivo de pasar a otro status, quizá otra etapa de transición espacial o dimensional; en la que supongo moran las energías y sabidurías de los que hemos sido seres terrenales. Siempre supe que la energía ni se crea ni se destruye, se transforma.

Esa "sabiduría" se suma en la cadena genética, transmitidas de padres a hijos con cada nueva generación, así que la cadena evolutiva se va sumando en la raza humana. La evolución del ser humano debe ser imparable, mientras que el mundo no deje de serlo. Pero indudablemente... por el cariz que va tomando las beligerantes amenazas entre naciones y las más que posibles guerras nucleares; se podría producir una hecatombe que acabase con la vida sobre el planeta.

Al mismo tiempo, para mí todo es incierto. Sé que debo ser sometido a un juicio sumarísimo en el cual se me imputen delitos o pecados contra las ¿Leyes Divinas? Y sentenciar sobre todas las ocasiones en que he actuado mal en mi vida terrenal y pagar la pena que me imponga "El juzgador"

No sé… Son elucubraciones mías, que dimanan producto de mis enseñanzas religiosas. Hasta ahora ha sido monoteísta. Sí, lo que me inculcaron los curas, aquellos que se autoproclaman poseedores de todas las verdades divinas y querían meterlas en mi mente a martillazos, sin tener en cuenta nada, que pudieran despertar en mí, alguna curiosidad en la religión que no fuera el catolicismo. Yo siempre fui más cerebralmente objetivo y pensé que el dogma de los católicos es algo irreverente con la ciencia, y con la inteligencia de una población que ha alcanzado altos niveles de intelectualidad, personas que no se prestan al discurso barato de esos listos que intentan amedrentar una población de incultos y tenerlos a raya bajo su yugo. Para mi creo que esto es más bien una cuestión filosófica.

El trascendentalismo sobre un Dios interior y su significación en el pensamiento intuitivo de cada persona. La unidad del mundo y de Dios está en la inmanencia del Mundo. Pienso que el alma de cada individuo, es idéntica al alma del mundo, y contiene lo que el mundo contiene, aunque esto no deja de ser intuitivo como todos los enigmas trascendentales. Son demasiados los misterios, intuidos por una mente inteligente.

 Durante mi adolescencia; conocí a un sacerdote que impartía la asignatura de religión. Este teólogo que llamábamos Don Mariano; era un revolucionario dentro de la Iglesia Católica, curiosamente también tenía la carrera de filosofía. Yo le preguntaba mis dudas más bien por escucharlo hablar, y él me contestaba a espalda de los demás curas; desbarrando sobre el Vaticano, con lo cual yo le ponía cara de sorpresa y eso aún lo animaba más a seguir hablando.

 Él sí que era bueno; todo lo hacía con generosidad y amor a los más necesitados, me enseñó que el buen cristiano reparte a los demás, aun a costa de las carencias de sí mismo. Me enseñaba que hay que ser ante todo y por encima de todo, un ser justo y generoso y no porque no se sea cristiano, va a ser indigno a los ojos de Dios. Me decía: "Hijo recuerda que bienaventurados los limpios de corazón porque ellos verán a Dios."

Oigo los pensamientos de las personas de este escenario; con ello dejan al descubierto sus deseos y sentimientos. Y voces, que se articulan en gritos para hacerse   entender entre tanto cacareo estúpido e incongruente de los seres humanos. Adivino una carga de hipocresía, mentira y mala intención en todo lo que expresan, sin embargo, descubro que, en esta transición, se me   concede la facultad de seleccionar lo que deseo escuchar u obviar. Esta nueva facultad me revela que al estar vivos carecemos de ese don, que algunas capacidades sensoriales no hemos sido capaz de desarrollar…

. ¿Estoy divagando o esto es un sueño? Me pellizco varias veces, pero no hay sensaciones de   dolor.

Viene alguien con paso acelerado detrás de la camilla. Sin tener ni tan siquiera que voltear la mirada, intuyo que es mi ex; instintivamente deseo que se caiga y así sucede, pierde el equilibrio y cae con gran estrépito sin que nada ni nadie, haya obstaculizado sus pies…, simplemente cae. Miro a mi siniestro acompañante, por si esto que he hecho, fuera algo punible que se me tuviera en cuenta…

El pensar en mis hijas me hace enternecer y recriminar esos mis malos deseos, incluso, habiendo yo recibido de ella, tanto castigo. Mi ex, reclama con insistencia mi móvil a los camilleros; le contestan que, se lo quedó la doctora Rebeca Martínez.   Meten la camilla con mi cuerpo en una estancia, cierran la puerta; es una sala totalmente aséptica, impoluta; con herramientas y artilugios propios de intervenciones quirúrgicas. Acercan mi camilla al lado de una mesa de acero   inoxidable rebordeada por el mismo material, y con una pendiente que acaban en un agujero por donde supongo escapen los líquidos emanados de la autopsia. Contemplo mi cuerpo y siento pudor al ser desnudado por los ayudantes o auxiliares de sala, suben mi cadáver sobre la plancha y mi ropa   y   objetos personales los meten en una bolsa a la cual colocan una etiqueta, hasta que mi cuerpo sea identificado por un familiar, supongo. Entra un equipo de personas jóvenes con batas de médicos, y entre ellos, el de más edad que al parecer es el catedrático; y con precisas explicaciones hace las pruebas pertinentes para reafirmar el diagnóstico, de la Doctora Martínez. En ese momento siento pena por el dolor que van a sentir   mis hijas.

"Mi vigilante post- mortem" se queda cerca de mi alma etérea"; la verdad es que no sé qué   está esperando, pero supongo que me enteraré muy pronto. Con curiosidad miro mis manos de este cuerpo "astral" y veo que va perdiendo la luz, el resplandor tan intenso que tenía hace unos minutos, no sé qué está sucediendo o producto de que es esto, pero se me ocurre lo más negativo.... El siniestro vigilante también se da cuenta de lo mismo y noto contrariedad en su tétrico rostro. Es un "Ente", oscuro; sin aura, en él no puedo conocer sus pensamientos. Una capa larga lo cubre desde la cabeza a los pies, deja adivinar   una figura esquelética, alta y fantasmagórica.

Ya sé porque mi perro Rocky estaba inquieto la otra noche cuando desperté a las dos de la madrugada…; le plantaba cara y trataba de impedir que este ente me llevara. Supongo que estaría allí, para cobrarse   mi vida, presta a partir. Es a esa figura fantasmal que amenazaba con sus colmillos. Estos animales tienen una percepción sensorial que no tenemos las personas. Casi apostaría que es el fiscal, aquel que me tiene que llevar a cumplir la pena que me imponga quién me haya de juzgar, que se cumpla mi condena bajo su yugo, pero mientras que el juzgador decida, la oscura figura esperará, no se atreverá a nada. Es como un demonio, un carcelero, quizás el verdugo de mi alma. No sé qué va a ser de mí…todo es incierto y desconozco el proceso y la vara con la que hipotéticamente van a medir mis acciones.

Como hace unos momentos; mis brazos etéreos van perdiendo ese resplandor que tenía y no sé porque hay algo que me acerca a mi cadáver, como si ese cordón del que sentí su rotura; ahora se haya unido de nuevo y fuera más corto

Veo aparecer un ser de luz con el rostro de una bellísima mujer, tiene un especial cierto parecido a mí madre. Se acerca, me abraza con mucha ternura y con la voz de su pensamiento, me calma y me hace entender que es lo que llamaríamos en el mundo terrenal, mi defensora. Hijo mantente con entereza, respeto y acepta lo que se imponga. Intentaré interceder por ti; voy a hacer lo necesario para conmover al Supremo. Justamente detrás de mi defensora se acerca otra gran figura llena de luz, al cual "mi carcelero" muestra pleitesía agachando su cabeza.

Mi defensora se acerca al majestuoso y en una lengua que no entendí, creo que, rogaba en mi defensa. Todo esto me parece una pesadilla, pero no me inquieta tanto el que haya fallecido físicamente si no a la suerte que tenga que correr después de este juicio. Toda esta secuencia ocurre lentamente con mucho orden, aquí la percepción del espacio tiempo es adimensional; algo fuera de los patrones de magnitudes, a los que estoy acostumbrado. De todas maneras, mi grado de confusión, podría mediatizar mi percepción.

De   pronto veo que el suelo se abre bajo mis pies dejando ver un tenebroso averno, muy en lo profundo puedo ver el fuego, símbolo del castigo y multitud de voces, exclamando, gritando, suplicando perdón; aullando como lobos. Todo esto me produce pavor y una intensa pena. Caemos en la alucinación por el terror al castigo de esas creencias religiosas que nos han inculcado en la cual, a los que somos pecadores, tenemos que pagar con infierno.

 Nuestro cerebro al dejar salir la conciencia, también deja salir lo que hemos cultivado en ella. Este es el castigo; nuestra penitencia. La mente es la que, en realidad, va hacia donde nos han contado durante nuestra vida; sin que la mayoría hayamos tenido el valor de negarnos ante esa imposición... Todas las religiones intentan inculcar el miedo y los patrones por los que nos debemos regir. Nos adiestran. Nos doman para que seamos sumisos y así podernos manejar fácilmente. Embotan nuestras mentes hasta drogarlas y hacerlas dependientes y serviles. **Las religiones son el teatro donde crecen los débiles. La vida es un sueño, elijamos nuestra verdad, nunca la impuesta.**

Cap.19.º. La decisión.

El Juez y mi defensora debaten sobre mi vida en el mundo terrenal; pienso que están observando y decidiendo el destino que me espera. Jamás me encontré tan atenazado y en las manos de un poder que lo puede saber todo de mí. No puedo hablar, ni abogar ni gesticular... En estos momentos me veo anulado, y en manos de su decisión.

No sé cuál será mi destino. El omnipotente Juez, vuelve su mirada hacia mí vigilante y hace un gesto con la mano; señalando a aquel averno abierto ante mí. El vigilante, deslizándose sin apoyarse en el suelo, se acerca a mí oído y con un helado y fétido aliento me exclama contrariado y de forma airada:

—Por esta vez te has librado, pero te estaré esperando. De repente el terrorífico carcelero; cayó a aquella profunda sima infernal bajo mis pies a una velocidad vertiginosa, dejando una estela de fuego y olor a azufre. Un horripilante graznido gutural, hizo temblar mi cadáver. Todo vibraba en aquella fría estancia mortuoria. Fue entonces cuando aquel abismo de horror, comenzó a cerrarse, más lentamente de lo que yo deseaba. Se selló la puerta de la que me hablaron durante toda mi infancia, aquellos religiosos.

Me arrodillé ante mi Ángel Defensor y con las manos extendidas, ofrecí mi alma al destino de su compasivo criterio. Sin embargo, al Juez, sentí que por todo el respeto que debo tener a su divinidad, solo debo mostrarme con la cabeza agachada en señal de reverencia. Mi Ángel se acerca dónde yace mi cadáver, colocó su divina mano sobre la cabeza de mi forma etérea y la otra mano sobre el pecho de mi cuerpo sin vida a la altura del corazón. Me voy difuminando, mientras que mi cadáver empieza a tomar color y un aura revitalizante lo inunda, mis sentidos entran en mi cuerpo y empiezan a recobrar las funciones. Noto el corazón cómo bombea sangre por mis arterias, llegando a todas las partes de mi cuerpo. Mi figura como en una cámara de cine marcha atrás; invierte el proceso al momento en que fui despojado de mi ropa, excepto el anillo que lo colocó mí ángel en la mano derecha, dónde jamás lo he puesto…

Todo es confuso, tal vez sea; que me quieren dar una nueva oportunidad de vivir y de que me dé cuenta de que debo de dar gracias cada día; por respirar, ver, y disfrutar la vida. Con esta nueva oportunidad, debo hacer saber a los demás qué debemos aprender a respetar, todo lo que se nos ha dado.

Cap. 20.º. La Resurrección.

Siento una descarga eléctrica acompañada de un resplandor de luz cegadora. Mi etérea figura es atraída hasta hacerse una sola con mi cadáver, mi cuerpo se contrae hasta producir calambres musculares, y una bocanada de aire frío llega a lo más profundo de mis pulmones. Abro los ojos al máximo que permiten mis párpados, e intento recuperar desesperadamente el aire hasta alcanzar la hiperventilación. Distingo cada vez más claro los focos en el techo del supermercado. Estoy muy confuso, y volteo mi mirada hacia una bella mujer que me está hablando y pellizca mi cara. Estoy junto a la estantería de los lácteos y parece que no ha transcurrido tiempo desde que caí desplomado. Un desfibrilador a mí derecha y el móvil aún en conexión con mi ex. Aturdido; cojo el móvil e instintivamente desconecto la comunicación del aparato y abotono mi camisa. Siento cierto pudor de estar en el suelo… No me puedo explicar que minutos antes me haya visto en una ambulancia y en un hospital; sin embargo, me despierto justamente dónde caí. Intentaré buscar una explicación a esta confusión, ahora mismo no puedo.

—¿Hola cómo estás Jorge? —Soy la doctora Martínez. — ¡Es el mismo nombre y el mismo rostro de quien me atendió en la ambulancia!

—¡Vaya, has tenido suerte! Aquí en este centro comercial hay desfibriladores portátiles. Yo estaba comprando, que es   mi día libre en el hospital, ya ves, las coincidencias de la vida. Tus   pulsaciones están   bien, te tomo la tensión que   siempre   llevo un tensiómetro. —Hace las pruebas y me   comenta: —Estás perfecto; parece que vienes de haberte tocado un ángel como decía mi abuela…

—No veo signo alguno de cardiopatía; tus constantes   vitales son como las de un joven de 20 años. ¡Fenomenal y extraordinario! ¿No te parece? A   pesar de   haber tenido, una parada ventricular sin pulso.

Me levanto del suelo sin esfuerzo, no   quiero que vea mi salvadora nada inquietante; me   encuentro perfectamente. En tono jocoso pienso: Mi ángel defensor no me ha vuelto a la vida para que me muera   en un rato, me han dado la oportunidad para algo más… Me ha surgido un tremendo deseo de luchar por vivir. No me quieren arriba. Se escuchan   aplausos hacia la doctora y a mí supongo, es que el personal y   clientes que han presenciado el ataque cardiaco. Dediqué unos minutos a recuperarme de mi confusión. Pero es que realmente me encuentro mejor que nunca. — Doctora, estoy muy bien, gracias. No sé si es que estoy en el cielo y usted es mi   ángel de la guarda...Perdone esta frivolidad; no   era   necesaria; lo que ocurre es que, con la alegría de recuperarme, me he despertado demasiado chistoso. ¿No cree? Siento mucha sed, necesito tomar líquido, parece como si se me hubiera secado el cuerpo. Y dígame Rebeca ¿Puedo llamarla por su nombre? —Ella asintió con la cabeza. —O es que me has quitado la cartera o   es que   me   conoces, porque me has llamado por mi nombre.

Ella sonríe afablemente

—La verdad es que, la última vez que te vi ha sido esta mañana, cuando estabas con tu perro desayunando en la cafetería Jardín, en el parque; venias de hacer ejercicio. A tus hijas Patricia y Elena las conozco de natación, vamos   juntas   todos   los   viernes, precisamente ayer me   dijeron que tenían que visitarte, porque querían estar más pendiente de ti ¡uhm! y alguna cosilla más. Ellas, un día me quisieron presentar al ingeniero señor importante y buena gente Don Jorge, para   tomar café...

Llegamos a la cafetería del centro comercial. — Siéntate Jorge. ¿Qué vas a tomar? Bueno te pido agua mineral y un zumo de naranja natural. Creo que es eso lo que mejor te viene. — De repente, la suelto espontáneamente. —Rebeca, la verdad, es que se me   ha abierto el apetito. Creo que mi cuerpo está loco. ¿Te apetecería comer…? Espero no tengas otra cosa que hacer. Por favor quiero agradecerte que me hayas salvado la vida y te pido que me dejes conocer a tan buena amiga de mis hijas. — Ella contestó de inmediato — Pues la verdad no tengo ningún compromiso, aunque es mejor que descanses un poco.

Por unos instantes, se quedó pensativa, y exclamó: —Te diré lo que vamos a hacer si lo ves bien, vamos a ir a la clínica dónde trabajo y te haré un electrocardiograma…; despúes te acompañaré a tu casa y si me lo permites, esperamos a que lleguen tus hijas. Compraré algo preparado de aquí   del supermercado. ¿Alguna predilección? Espérame aquí sin moverte, no quiero que tus hijas Patricia y Elena se enfaden conmigo por haberte dejado solo. — Parece que te conozco desde siempre, —(se carcajea) — le estoy dando órdenes al ingeniero. — Le contesto tambíen riendo: —¡A sus órdenes doctora! — Se fue muy diligente, mientras que yo la miraba sonriente y ella hasta en tres ocasiones volvió su cara para vigilarme. De todas formas, desde el stand de platos cocinados, podía verme, pero la dependienta del bar no me perdía tampoco ojo, jocosamente me dije: ¡ya soy famoso! —La verdad; es una   suerte que estuviera tan cerca esta doctora cuando he sufrido este episodio. Parece que mis hijas velan por mí; y me la han enviado en el preciso momento que la he necesitado.

En Rebeca, se adivina una buena mujer, nada complicada y agradable…, aparte que me ha auxiliado con mucho interés.

Busco en el móvil la última llamada que recibí y compruebo la duración de esta comunicación, que debe ser el tiempo que he permanecido en ese estado parada cardiaca. Yo le abrí la comunicación, fue cuando ella me gritó: "Lo vas a pagar y vas a morir entre espasmos de dolor, ya me encargo yo de ti..."— Inmediatamente, sentí un dolor agudo en el tórax a la altura del corazón perdiendo la visión y la estabilidad. Creo que fue en esos instantes cuando se me fue la vida sin poder evitar que ella cumpliera su promesa de arrancármela. No supe más...; estoy seguro, que aquel cordón de luz que me unía a mi cuerpo, jamás se llegó a partir del todo. Desperté cuando Rebeca me aplicó el desfibrilador, recuperé el aliento… Yo mismo instintivamente corté la comunicación telefónica del móvil que estaba junto a mi mano. La lectura es de 10 minutos 12 segundos. Creo que es el suficiente tiempo para que mi cerebro tuviera lesiones por falta de riego sanguíneo. Ahora me doy cuenta del porqué, mi ángel puso las manos sobre mi cadáver y mi forma astral. Es cuando vi mi cuerpo físico transparente y como comenzaba a funcionar el aparato circulatorio. Todo ha pasado. Sé que la hipoxia es el escaso aporte de oxígeno al cerebro y que se pueden producir alucinaciones, pero nada de eso, porque ha sido tan real o mucho más que cualquier otra situación en mi vida. Además, el tiempo que he permanecido en ese estado, ha sido extraordinariamente mayor con respecto a las mediciones de esta vida. No podría soñar tanto en tan poco; o sea en 10 minutos y 12 segundos.

Ya vuelve Rebeca con mucho garbo y maneras y trae una bolsa con comida elaborada. Ella tiene una cara muy agradable, simpática, es bajita, en su peso, sin ser una modelo, sí que es de las que valen mucho por cómo es de atractiva y humana…, ¡me gusta! es una mujer muy interesante, también es divorciada me comentaron mis hijas; deseo ser su amigo y poderle contar todo lo que he sentido, aunque piense que estoy loco.

Mi mente va muy ágil y mi cuerpo la acompaña, es algo sorprendente. Me daré tiempo, pero esto me deja con una imperiosa necesidad de contar, creo que   debo consultar con doctos en investigación de estas experiencias, aunque a muchos a priori le suene a película de terror.

Ahora ya estoy seguro y mi gran dilema es: divulgarlo o no. Debo ser cauto, soy un hombre de ciencias y esto está reñido con lo tangible, sólo lo apoyaría la religión o la parapsicología.

Entre mis elucubraciones veo que ante mi vista aparece Rebeca que trae la comida elaborada. —Hola Rebeca, tengo que pagarte eso, dime cuánto es, por favor y no te preocupes que me encuentro muy bien.

—Ya pagarás tú otro día, pero en un restaurante de lujo. Si, te veo bien y chistoso. Bueno, si te parece pasamos por la clínica... Podemos ir en mi coche. —Sí doctora, si así te quedas tranquila.

La revisión fue rápida, realizada por un cardiólogo que estaba de guardia y ella que le ayudó. Todo dio como resultado que no hubo infarto. Se quedó estupefacta ante aquel resultado, ya que ella fue quien me resucitó... Pensé: ¡Yo sabía que mi ángel obró el milagro!

Llegamos al hall de entrada del bloque de pisos en el que vivo, y por casualidad nos encontramos con Emilia (la señora que normalmente me hace la limpieza en casa). Emilia puso cara de asombro al verme entrar con una mujer. (algo a lo que no está acostumbrada). — Buenas tardes...—Nos dijo mirándonos a los dos.

—Don Jorge, ya está todo limpio. A Rocky lo he sacado un rato porque comenzó a   aullar lastimeramente, como hacen   estos animales cuando ocurre una fatalidad a alguien de su entorno. Mis ojos y los de Rebeca se abrieron en un gesto entre sorpresa e incredulidad…; nos miramos sobrecogidos. —Don Jorge no tiene usted gran cosa en la nevera, pero ya   veo que las bolsas que traen desprenden un olorcillo que alimenta. —Pues vaya tranquila Emilia, mis hijas comprarán esta tarde algo. ¡Ah! Le presento a la doctora Rebeca Martínez, amiga de mis hijas y mi Ángel de la Guarda. Le guiño el ojo a Rebeca en señal de complicidad. — Encantada Emilia y no le haga caso, ha bebido mucho. — Rebeca me devuelve el guiño, devolviendo la broma. Emilia nos mira y nos guiña el ojo pícaramente a los dos en señal de complicidad…Nos reímos los tres y nos despedimos de ella.

Cuando entramos en el apartamento Rocky ansiosamente, lamía las manos a Rebeca. —Pensé ¡Pobre animal! Nunca me desharé de él; jamás lo dejaré con mi ex, esta tipa no le ve más el pelo a mi perro…

Rebeca y yo nos sentamos a comer en el salón, ella me sirvió lo que consideró bueno y necesario para mí e hice caso en todo. A mi Rocky le buscó algo en la cocina y también le dio su regalito. Lo curioso es que me gustaba cada detalle que demostraba. Le di el dictamen del doctor Luís Garrido y el resultado de todas las pruebas realizadas. De todas maneras, mis hijas lo iban a pedir y creí honrado dárselo a ella antes, ya que es la doctora que me sacó de aquello. — Bien Jorge te explico: Este doctor me dio clases, es un cardiólogo de mucho prestigio en toda Europa. Si me das tu permiso le puedo decir que eres de mi familia y que te haré seguimiento hasta tus citas con él, así que ya sabes. Creo que me vas a odiar un poco por educarte en tus costumbres y filosofía de vida, a la que menos esperas, vengo aquí y busco hasta en la basura. —Rebeca me has salvado y te brindas a guiarme para que siga conservando la vida. No solo te doy permiso, sino que te lo suplico. —Jorge, tus hijas me tratan como si fuera una hermana o una madre y yo las quiero, ya que son las únicas amigas que tengo , aunque sean más jóvenes que yo, me tienen mucha complicidad…

—Después de comer, recogimos la mesa y nos sentamos en el sofá mientras llegan mis hijas. Pusimos la televisión con el volumen bajo y al tercer anuncio ella se durmió, sin darse cuenta su cabeza se reclinó sobre mi hombro, pensé, así estará incómoda, levanto mi brazo con cuidado y acomodé su cabeza sobre mi pecho. El efecto de las pastillas hace que también me duerma profundamente. Mi sueño es reparador…, estoy mejor que nunca es como si mi cuerpo necesitara, paz y sosiego.

Gritos y carcajadas de mis hijas y sobresalto de ambos…—¡Papá! ¿Esto qué es? ¡Rebeca!, ¿preciosa qué haces aquí?

Saltan de alegría y despúes la abrazan y hacen cosquillas a Rebeca, que se despierta con tanta algarabía. —¡Qué jaleo habéis montado, vaya dos locuelas! Yo que estaba dormidita en el hombro de Don Jorge; venís vosotras y me despertáis de mi sueño de princesa encantada. — No vimos el coche de papá en su plaza de garaje y pensamos que estaría en algún sitio y como tenemos llaves de la vivienda las dos, decidimos prepararnos un café, e íbamos a llamarlo, para que supiera que ya estamos aquí. — Yo y Rocky mirábamos a una y a otras. Rebeca me dio las pastillas delante de mis hijas con un zumo. Después se metió en el baño. — Uf, Elena el frigo está vacío, vamos a tener que ir las dos al supermercado que parece ser que Papi, ha estado ocupadillo esta mañana. — Papá, rapidito dame la cartera y la lista de la compra, que te vamos a quemar toda la pasta…, ya después hablamos contigo y con la doctora. Me guiñó el ojo y levantó su brazo sacando músculo… —Por favor callad, que la acabo de conocer y se va a enfadar. — Elena con voz muy bajita. —Pues has tardado poquito en dormir con ella. —Se carcajean a dúo. Rebeca asomó la cabeza por la puerta del cuarto de baño. — Os escucho malvadas Patricia y Elenita… —¿Oye me compráis un cepillo de dientes? Por favor, que esta mañana tenía que comprar uno, pero he estado ocupada con..., uhm, bueno una de las cosas que he hecho a vuestro padre es hacerle el boca a boca. Uf —resopló — ¡qué mala soy! —Las niñas se reían con fuerza. — Bueno niñas, no tardad que quiero hablar con vosotras, que es que me quiero acostar temprano. —¿Con quién vas a dormir Rebeca? —Con mi osito de peluche. ¡Atrevida! Esperad no iros sin darme un beso. En serio ya... ¿Vale? El coche de vuestro padre está en el parking del centro comercial, da la casualidad que ha ido con el de la empresa, sí, es el que tiene el letrero de Cola en grande de color rojo. Una de vosotras os lo traéis. ¿Vale Jorge? Dale las llaves. —Para seguirles la broma contesté. —Vale, princesa. — Rebeca y mis hijas se carcajean con gran complicidad parecen amigas de toda la vida, mientras yo estoy entre burlón y con lógico rubor ante mis hijas. ¡Uf! las mujeres son un peligro. Veremos cuando les diga a qué viene todo esto, de todas maneras…, así están más distendidas y se quita más gravedad a este episodio. No quiero que mis hijas se preocupen y Rebeca lo hace con buen tacto e inteligentemente. Será un gran reto comentarles lo que me ha ocurrido hoy, menos mal que están de buenas sabiendo que Rebeca ha estado y está cerca de mí, para que no me pase nada.

Volvieron del supermercado. —Papá, ¿qué hace tu anillo en tu mano derecha? —Hija, si quieres que te diga la verdad, me lo puso un ángel. —¡Ah! , habrá sido Rebeca, para que se sepa que estás ocupado. Nos miramos Rebeca y yo, como un poco ruborizados. —Elena, acabo de conocerlo, pero el día que eso fuese, no le haría falta un anillo. Yo supongo que él, está convencido. ¿No?... Habrá sido un ángel. —Veréis, vuestro padre hoy ha tenido un episodio de infarto del cual se ha sobrepuesto. —Patricia y Elena quedan petrificadas, no pueden articular palabra. —Ha sido una casualidad que yo me encontrara allí y que hubiese desfibrilador. Después le he hecho pruebas en el hospital y está perfectamente, increíble pero así es. No hemos apreciado ninguna cardiopatía en los electros. Mi colega cardiólogo me ha dicho que tiene un corazón muy sano y acorde incluso con el de una persona más joven que él. Aparte quedaros tranquilas, vamos a hacerle toda clase de pruebas radiológicas, así que si vuestro padre dice algo de un ángel; creedle, porque no hay otra explicación. Lo tuve en mis manos, sin pulso sobre cinco minutos, pero cuando llegué, ya llevaba otro tanto sin moverse, según testigos. De momento soy la primera sorprendida. —Mis hijas lloraban, pero con cierto miedo de alterarme, me abrazaban y besaban. —Lo siento hijas mías, de ninguna de las maneras os hubiera querido causar disgusto. De verdad que yo voy a tomar mis medicinas y haré todo lo que me ha dicho el Doctor Luís Garrido que me ha hecho este chequeo (les doy el dossier); así como a vuestra amiga Rebeca, mi salvadora, que se ha portado conmigo tan bien, cómo lo hubierais hecho vosotras, que sois mi sangre. —Como dos niñas, ahora abrazaban a Rebeca besando y acariciando su cabello y su cara.

—Patricia, Elena, me pondré en contacto con el doctor Garrido que es un buen colega y trazaremos un estudio y un exhaustivo seguimiento de la salud de vuestro padre, pero os repito que ahora mismo está muy sano. —Las interrumpí diciendo: Hijas, voy a sacar a Rocky, voy a estar muy cerca, desde la ventana me veréis, además acostumbraos, porque mañana sin falta tengo que ir a trabajar, hay que cambiar unas piezas a una máquina, y yo me encuentro muy bien de salud y tengo mis obligaciones y responsabilidades. —Ya con mi perro atado y desde la puerta de la vivienda. —Solo tengo un problema y es que no sé… cómo se curan estas mariposas en el estómago. Las tres abrieron la boca de sorpresa mirándose una a la otra con ojos   muy abiertos, mientras que Rebeca se sonrojaba por la mirada atrevida que le hice sin pudor, las dejé así, con ese gesto

Don Genaro mi vecino, está distraído en el portal. Me dirijo a él: Buenas tardes Don Genaro, desearía pedirle disculpas por lo que ocurrió ayer con lo del perro... Siento mucho el trastorno y el mal rato que le causé. —No se preocupe Don Jorge..., sé que fue ella, la vi por la mirilla mientras dejaba al pobre animal amarrado al pomo de su puerta. Permítame decirle que la señora que tuvo usted, es una mala persona.

Noto en él; cierto dolor en su brazo y veo que su hombro derecho tiene un aura roja que denota el dolor que le aqueja …; me quedé sorprendido es como si estuviera viendo; a los enfermos en   la experiencia   astral que he tenido en el hospital, que yo   en ese momento tenía la facultad de ver sus órganos en mal estado. — Le duele mucho este hombro, ¿verdad? —Sí, Jorge. ¿Cómo lo sabe? — Instintivamente, no busqué el permiso de Don Genaro, si no que   mi mano derecha la apoyé en su dolorido hombro y con el tacto noté la dolencia. Cerré los ojos   y   caí en trance, mientras que, por mi brazo en dirección a su hombro, fluía una energía que giraba en torno a la zona afectada. Duró aquello como un minuto, me sacó de aquella ensoñación mi perro que tiraba. Don Genaro parado, sin moverse y con confusión y a su vez extrañeza; dijo: —¿Quién es usted? — Comenzó a subir y bajar a bailar y girar su brazo cómo un chaval de 15 años, pues ya no sentía dolor. Me asusté de mí mismo y aligeré el paso mientras el señor llamaba a su mujer en voz alta para darle la feliz noticia, mientras yo, ya apartado le hacía señas, para que no alarmara a nadie. — Mis hijas y Rebeca me vigilaban por la ventana, cuando estaba con mi perro en la alameda del parque. Me senté en un banco y solté un poco a mi perro. Estaba oscureciendo, serían las nueve y algo. Fue un momento de reflexión. No sé, pero he muerto y resucitado con unas experiencias muy intensas. Sé que hay vida después de la muerte, no tengo miedo a morir, solo que quiero vivir por mis hijas y por una persona que he conocido que podría ser el pilar de mi vida. Todo   ha corrido como en una montaña rusa y hasta descubro que he sido tocado por la mano divina. Me han curado y puedo curar. Es en realidad todo tan sencillo, que me pregunto: ¿Por qué los humanos lo hacemos todo tan complicado? Presiento que, si todos fuéramos más conscientes, viviríamos un mundo muy agradable para disfrutarlo plenamente. Creo que la Esencia Cósmica a quien yo puedo llamar Dios, está enojado con nuestro comportamiento. Desde ahora me propongo ayudar a los demás, ser generoso, ofrecer la sonrisa abierta y la mano tendida a todos, olvidando los rencores, e intentando corregir mis errores y saber pedir perdón. Respirar y vivir la naturaleza, gozar de mis sentidos. Quiero vivir y ser feliz. Lo que me ha sido dado igualmente lo tengo que regalar a los demás. —Rocky, vamos a casa. (el animal acudió corriendo)

—Hola mis preciosas. — Hola Papá. — ¿Y Rebeca? — Se ha ido, creímos mejor que se fuera. — ¿Y eso? —Es que no tenemos ganas de hacerte de cenar   y hemos decidido el invitaros a una cena romántica, relajada, en la cual no vamos a estar nosotras. Hemos llamado al Hilton y hemos reservado mesa para dos... Mi marido esta noche, es Maître y os servirá con cariño. Así   que, a la ducha, y ponte tu traje azul y tu perfume encantador de princesas.

Son unas hijas maravillosas, las quiero a rabiar.

—La velada fue inolvidable y   traté de obviar todos los pensamientos y dudas sobre la experiencia   vivida en este sábado, pero   lógicamente, aunque no quiero, lo cierto es que me asalta el desarrollo y desenlace del trance, en el que   he   estado inmerso; y a los personajes o entes que he conocido en una realidad paralela. Quiera o no, he muerto, he conocido la vida despúes de la muerte y he resucitado. Es el punto de inflexión que va a marcar un antes y un después. Veo la vida de otra manera, todo es más interesante para mí y creo que voy a luchar por mi salud. Pero…; no deja de ser algo a lo que llamaría milagro.

Mi yerno estuvo muy atento con nosotros e hizo que la cantante de la orquesta, nos felicitara por el micrófono como una pareja muy elegante. La verdad, Rebeca está muy guapa. — Quise pagar la cena y mi yerno no me lo permitió. Suena el teléfono de Rebeca. —Sí, Patricia; vuestro padre está muy bien. No, no sabía que se había olvidado el móvil ahí… Sí; durante el episodio estuvo abierta la línea con alguien, en fin, yo no lo toqué, tu padre cuando se reanimó lo recogió del suelo y cortó la comunicación que él tenía. Pero ahora que me lo dices…se podría saber el intervalo de tiempo desde que el teléfono cayó al suelo y cuántos minutos duró la llamada, es más. Podría ser aquella llamada, la causa desencadenante de su ataque, y es muy posible que pudiera deberse a algún disgusto que haya sufrido en ese momento. — Rebeca; hemos escuchado la grabación, y ha sido mi madre la que llamó amenazando de muerte. Ella es así, y aunque sea mi madre, no dejo de reconocer, lo que pasa con su temperamento. El tiempo de grabación ha pasado de 10 minutos, o sea, 12 segundos más. — ¿Estás segura Patricia? Si es así, es demasiado. —Rebeca; en la grabación hemos escuchado también tu voz; cuando le gritabas a papá que despertase; y al vigilante le ordenaban que trajese el desfibrilador portátil. También se escucha el murmullo de la gente, pero lo que ahora nos parece más extraño es que se escucha una sirena de ambulancia y el traqueteo de la misma al desplazarse por una calzada; y una voz que suponemos la del conductor; comunicándose por radio, y se oyen los sonidos del vehículo abriéndose paso por un denso tráfico. Una voz con tu timbre, que decía: Soy la doctora Rebeca Martínez. Perdone, siento decirle que este señor no tiene constantes vitales. Por favor; lo pongo en su conocimiento, por si es usted un familiar o conoce a alguno. Nosotros una vez que lleguemos al hospital, su cuerpo pasará por el grupo clínico de guardia para que se certifique su estado. Hemos hecho cuanto hemos podido en UVI Móvil; le hemos aplicado todas las pruebas según el protocolo establecido de reanimación cardiopulmonar, pero ha sido infructuoso… Rebeca, y algunas palabras más; que ya no he copiado.

Día 18 de abril 2016.

Domingo; las 7:00 de la mañana. —Buenos   días Jorge. ¿Cómo estás? — Hola Rebeca preciosa. ¿Estoy genial y tú? —Bien. Llevo una hora mirándote, mientras duermes plácidamente. — De buenas a primera Rocky, se nos sube en la cama y lame las manos de Rebeca y a mí en la cara y salta alegre entre nosotros.

—¡Estás loco Rocky!, — Como si el perro lo entendiera dijo: — Me ducho, te saco al parque y compramos pan, dulces y churros para tu amiga Rebeca y para ti…

— Me voy a disponer a salir mientras Rebeca entra a   ducharse. Suena el timbre de la puerta, abro y ¡sorpresa ¡ Son mis hijas con mi nieta y traen de todo para desayunar. ¡Qué lindas! —Buenos días Papá ¿Cómo estás?   Hoy no tengo con quien dejar a la niña , y la he traído ; aquí tienes   a tu nieta. La tomo en mis brazos, y   beso muy orgulloso. Pregunté a   su madre: — ¿Cómo notas a Anita del resfriado?—Del   catarro mejor; pero hace días que llora mucho.

Noto cómo mi nieta, tiene un aura de dolor en la boca y rompe a llorar; está echando la dentadura. La madre infructuosamente trata de consolarla con   caricias. Paso mi mano por   su cabeza y su boquita y la niña al momento, comenzó a sonreír.

Su madre, exclamó: —¡Increíble la mano del abuelo! — Elena, — mi hija menor— estaba haciendo el café y el rico aroma inundaba la casa. En ese momento apareció Rebeca con un pijama que le sobraba por todos los lados; y los pies con unas zapatillas que graciosamente arrastraba. Nos reímos…Todo lo cogió de mi armario. Me besó y me ofreció mis pastillas con un vaso de agua.

—Gracias cariño.

Patricia y Elena aplaudían de contento al saber que su padre estaba bien cuidado. La pequeñaja imitaba a su madre y su tía. Tomé a mi nieta en brazos y la correa de Rocky y salimos a la alameda unos minutos. Cuando volvimos mi nieta Rocky y yo, Rebeca me puso de lo que podía comer, diciéndome:

—Sí, por favor cariño. Esto te viene muy bien, mientras que te repito las pruebas en el hospital, para ver si todos los niveles están correctos y puedes comer otras cosas, que ahora por prudencia es mejor no hacerlo.

—Muy bien doctora, yo te hago caso. Desayuno con vosotras y después me tengo que ir por un rato a la fábrica que, aunque sea domingo, es el único día que podemos aprovechar. Se van a cambiar unas piezas de una máquina, pero no será largo tiempo, a la hora de comer, estaré aquí….

Durante el camino hacia la fábrica pensé; la verdad es que me encuentro relajado, ágil y contento, parece como si hubiera renacido y estoy en mi plenitud de facultades; fantástico, lo que ha obrado en mi organismo este bendito episodio. Todo es brillante, colorido y claro a mi vista, he tenido que desechar las gafas que tenía que tener puestas para conducir y leer…

Con mi olfato puedo percibir cualquier olor, degusto el sabor del alimento mejor que nunca…, oigo hasta el más imperceptible de los sonidos, y hasta mi voz ha recuperado claridad y dos tonos que había perdido con el tabaco. Todo mi cuerpo pide actividad física. Todo sabe a delicioso y maravilloso en la vida.

Incluso me lo notan los chicos que han venido a corregir el mal funcionamiento de la máquina.

Hemos hecho la reparación entre risas y bromas, les he servido como ayudante, alcanzando las herramientas. Después del trabajo, hemos tomado algo juntos.

☐

Cap.24.º. Necesito descansar.

Día 23 de abril 2016. *Santiago por esta noche deja de escribir.*

Son las 4:10 de la mañana. El mar está en calma. Paró de llover. Mis ancianos párpados no aguantan su propio peso, estoy muy cansado, la pluma y mi mano se ponen de acuerdo para no obedecerme. Instintivamente miro el reloj para justificar mi pasividad; van a dar las cuatro y diez de la madrugada, se escucha la jerga de los pescadores preparando las artes de pesca y las gaviotas graznan sobre los barquillos. ¡Necesito dormir! Me van invadiendo los pensamientos sobre mi difunta esposa y sus recuerdos se van confundiendo con mis anhelos; mientras caigo en el trance del sueño que, a veces me trae su imagen en su lozana juventud…, la sonrío. La hablo y no contesta a mis preguntas, supongo, será la demencia senil; una distorsión de mi subconsciente. Mi sofá es confortable, o será que ya me acostumbré a dormir sobre sus mullidos rellenos. El somnífero que es escribir, me resulta la mejor droga. Las ráfagas de la plácida y tenue luz del viejo faro, me hipnotiza con su acompasada compañía nocturna. Este, me ha visto crecer y próximamente me verá morir, tal como a mi amada María. Creo que, no me podría acostumbrar a vivir en otro sitio, que no fueran estas cuatro paredes…, me sentiría extraño e indefenso. Cuando estoy fuera y me aborda la ansiedad intento llegar a casa lo antes posible…; y refugiarme en este rincón colmado de sus recuerdos y para mí, impregnado con su esencia. Me sumerjo como en el trance de mis sueños… veo a mi difunta esposa junto a mi amigo Jorge, que la habla señalando donde me encuentro. Estoy como a unos metros de ella, más cerca; que jamás la vi en estos tres años o quizá… no sea cuestión de distancia; más bien de millones de neuronas perdidas de mi cerebro o de las enigmáticas dudas. Pero mi desesperación es que no puedo ver su rostro…, solo su figura difuminada casi transparente. Sin embargo, a Jorge lo veo claramente. Por más que suplico a puro grito desesperado ella no se vuelve hacia mí para que pueda ver sus grises ojos. Quizá sea la pesadilla recurrente, durante tantas noches agitadas. Me despierto entre temblores y frenéticos alaridos. Una ráfaga de viento helado atraviesa mi cuerpo, y una sensación de ahogo, invade mi pecho, hasta que el sollozo aflora y se convierte en un llanto sin consuelo. Sin saber cómo, me encuentro de pie, descalzo junto a la ventana de la estancia, que de repente, se ha abierto de par en par… La sirena de un barco me alerta y el viento como su aliado consuela mi ahogo y seca mis lágrimas. Todo es absurdo en este tránsito y es por ello, que me cuestiono: ¿Merece la pena?... Cierro el ventanal, tomo una pastilla para dormir y me recuesto de nuevo. El reloj de péndulo en este preciso momento da las melodiosas campanadas de las seis de la mañana.

A las 9:00 vendrá Jorge a recogerme, vamos a visitar a un genio: Víctor Humanes, Doctor en Biología y catedrático de la Universidad de Montpelier. Tiene publicados decenas de artículos sobre la muerte clínica y la eutanasia. Es ahora un jubilado y tenemos una cita concertada.

Día 23de abril 2016

Son las 9:10 de la mañana. Suena un claxon en la puerta del edificio, me asomo por la ventana y allí estaba Jorge, señalándome hacia la cafetería de Romualdo. Me acomodo mi barba que hace dos décadas está toda blanca,   excepto el mostacho que está amarillento del humo del tabaco de mi pipa, aunque antes con el humo de los cigarrillos sin boquilla, aún estaba peor. Me dijo el médico que no era bueno   fumar, pero también insinuó que hiciera lo que realmente me gustaba, los dos sabemos que no será por mucho tiempo ya que me he negado a los tratamientos invasivos. Quimioterapia y radioterapia. Cojo mi chaqueta de Ante , gorra y el bastón de nogal…, creo que es el más apropiado   para zona de campo y me he calzado mis botas de campaña. Bajo el empinado tramo de escalera desgastada que me separa de la calle. Este es un edificio antiguo, aún más viejo que yo(que ya es decir) que voy a cumplir los ochenta años. Sí, esta construcción de ladrillo rojo, verá décadas antes de ser demolido y entre los escombros, también retiraran los recuerdos de quienes lo vivieron.

Se pasan los días vertiginosamente que ni me doy cuenta. El calendario parece que me empuja…no quiere que yo ande mucho por .aquí. Pensándolo bien, yo tampoco lo deseo, porque entre la ausencia de María y mi   enfermedad, mejor que piadosamente me llegue pronto la hora de reunirme...

De todas formas, no tuvimos hijos y los sobrinos solo vienen a ver que me pueden sacar. También se llevarán una sorpresa cuando muera.

Mientras desciendo la escalera: ¡Los huesos me truenan como si fueran de madera!

Para mí, salir es algo extraordinario; viajar hacia la sierra con mi amigo y visitar a un científico como el doctor Humanes; me saca de la rutina y me da vida.

Bar cafetería, El Pescador. Ahí está Jorge entre los clientes de Romualdo. Todos son los marineros de siempre, excepto un jovencito de esos que se andan enrolando, por no querer estudiar. Alguien lo llamó por el nombre de Luisito. —Buenos días, Don Santiago. —Hola, buenos días Jorge. — Romualdo (dueño de la taberna El Pescador), con mucha diligencia y simpatía se hace escuchar entre las conversaciones del público y dirigiéndose a nosotros dice: — Siéntense, que ya les atiendo señores… Ahí al lado de la chimenea Don Santiago, por si le apetece el calor del hogar. — Gracias Romualdo a mí, me pones lo de costumbre y a mi amigo Jorge…—Por favor, un descafeinado con leche.

Montamos en el coche y tomamos la ruta comarcal de Fuente Fría hasta que nos adentramos en zona montañosa; en el termómetro del vehículo se   aprecia cómo los dígitos bajan drásticamente a medida que nos adentramos en la sierra. El   anciano Víctor Humanes después de su retiro como profesor retornó a España, su tierra natal y a las montañas donde pasó su infancia. Hijo de un jornalero que   emigró a Francia, hizo su carrera de   biología molecular, fue profesor   catedrático en *Montpelier, Lyon y Valence.* Un joven estudiante asiduo a las autopsias nocturnas que se hacían en los laboratorios   anatómico-forenses de Montpelier. Le fascinaba estar muy cerca de la muerte, pero siempre en la transformación de otros seres vivos, nacidos de la necrosis. Hasta que se topó con casos en los que pudo ser testigo de la vuelta a la vida de seres humanos y animales, de los cuales tiene   muchas publicaciones a nivel académico científico. Algunas de ellas fueron tachadas de fantasías de un demente. Es por ello que, en coloquios de algunos foros científicos, le tomaban por todo un excéntrico. Este señor se jubiló y decidió vivir en contacto con sus raíces familiares; en su pueblo natal en el que para los lugareños es todo un genio, y hasta incluso su Ayuntamiento, le ha dedicado el   nombre de la calle principal. Por lo   que cuentan es raro verlo, y vive un poco apartado en un gran caserío de piedra. Solo en contadas ocasiones, viaja para dar conferencias en foros universitarios, como Facultades de Medicina o de Biología. Precisamente estaba recién llegado de EEUU.

A medida que el plano de carretera, nos revelan que estamos cerca del lugar dónde vive Víctor, noto en Jorge, cierta inquietud, supongo que será porque se sienta ridículo al contar la experiencia y que el doctor pierda el tiempo con esto, pero al mismo tiempo desea conocer la docta opinión de un genio biólogo; sobre aquella extraña experiencia y la explicación científica   de aquellas sensaciones que tuvo, aun cuando, la doctora Martínez asegura que estaba muerto.

A Jorge le ha supuesto un punto de inflexión en su vida. Se pregunta si: ¿Hay experiencias paralelas que haya conocido Humanes? O si Humanes lo va a tomar por un lunático más…

Víctor Humanes introdujo la homeostasis: modelo en la que señala la cualidad definitoria de los seres vivos, y la reacción para tener la capacidad de mantener las condiciones físicas químicas del medio en que se encuentran. Aparte de las teorías concretas con las que Víctor Humanes enriqueció la medicina, la biología en sus estudios en dos categorías diferentes dentro de sus contribuciones "teóricas" a su peculiar modo de contestar la vieja pregunta: ¿Qué es la vida?

La epistemología, o ciencia de la teoría del conocimiento como método fundamental de la medicina experimental de Humanes. Es en este sentido en el que puede hablarse de la existencia de los humanos y los procesos químicos que intervienen. Ambos están relacionados entre sí. Víctor Humanes sostiene la teoría de que la materia inerte y los seres vivos no son lo mismo, aunque estén constituidos por elementos comunes. Una "energía" digamos, **la energía de la mente**, el alma (o llámese como queramos), entra cuando nacemos y sale cuando morimos; abandonando dicha materia. Hasta entonces era el cuerpo…; trasladándose ese "alma" a no se sabe dónde, ni cómo demostrarlo, solo dicen que cuando el cuerpo muere pesa 60 gramos menos que cuando instantes antes aún vive. Esto está probado; y el doctor Humanes mantiene que teóricamente es el peso de una energía, cuando abandona el "soporte animal".

Cap. 25.º. Visita al Dr. Humanes.

El viaje ha sido tranquilo, solo unos copos de nieve nos han inquietado, pero ha sido cuestión de poco tiempo. Hemos quedado con el Doctor Humanes a las 17:00 horas, es por ello, que nos hemos refugiado en un mesón de Fuente Fría para comer. Cuando sea la hora nos acercaremos a su casa.

Están dando las tres de la tarde y degustamos unos entremeses típicos de la tierra, regados con un buen vino tinto propio de las bodegas de este mesón. A Jorge le suena el móvil. —Hola hija. ¿Cómo estáis todos? Yo estoy muy bien, ahora que hemos llegado a Fuente Fría y estamos comiendo en un mesón formidable…Sí, por favor no te preocupes que no me excedo. ¿Cómo dices? Qué a tu madre le ha llegado una citación judicial…. Bueno, pues no sé nada del porqué de eso. A no ser que le he reclamado el coche que no estaba en el acuerdo de divorcio, esto sí; lo puse en manos de Sebastián el abogado. Pero por lo demás no he movido ficha. Si; hija, lo hago por vosotras, por mí no os preocupéis, pero que ganas…, no me faltan. En fin , ahí lo dejo; solo deseo que se aparte de mi vida y no me moleste más… Sí, así es hija, es probable que la nevada no remita, y nos tengamos que quedar por estos lares haciendo noche, además el coche que tengo de la empresa, no está muy bien de neumáticos. No os preocupéis, que, si pernoctamos aquí, os hago una llamada sin falta. Dile a tu hermana que la estoy oyendo, que yo me cuido. Besos para todos…

Jorge cuelga el teléfono. (Yo durante la conversación , no he parado la degustación de las exquisiteces del lugar).

—¿Te has enterado Santiago? Ahora me dicen que la madre ha recibido una citación judicial y la verdad es que no la he denunciado. Me encuentro atado de pies y manos, no me atrevo a hacer nada, sin dañar a las niñas. Espero que ellas mismas, la pongan en su lugar.

Suena de nuevo el teléfono, sin mirar, descuelgo no sin antes decir: —No me van a dejar comer. ¿Qué quieres ahora...? ¿No te parece que ya es tarde para pedir perdón? Te has pasado mucho y solo quiero que me dejes en paz, que te olvides de mi por el bien de las niñas, porque ellas sufren con esta circunstancia, es más se enteraron por la grabación del teléfono que me deseaste la muerte y hasta me amenazaste... ¡Ah! que te lo han dicho... ¿Arrepentida dices? ¡A buenas horas! Espero que el tipo este pague con todas las consecuencias, el haberme atacado tan traicioneramente, le va a costar más de lo que crees.

Otra cosa: Yo lo único que he reclamado mediante mi abogado es que me devuelvas el coche, no sé nada de esa citación judicial. —Eso espero...; sí que me lo des en las mismas condiciones que te lo llevaste, o sea nuevo.

Jorge cortó con un ademán despreciativo a lo que sin duda ha sido una conversación con su ex mujer. Respiró aliviado y triunfante y noté cómo se sentía liberado de esa rabia y desprecio contenido, que en esos instantes pudo descargar contra ella.

—Santiago me gustaría brindar contigo con este buen vino tinto de la tierra, hoy estoy relajado y me siento liberado, y es que me encuentro mejor que nunca física y anímicamente. Al fin la vida me sonríe y las aguas van a dónde deben de ir. También Rebeca me gusta mucho su forma de ser y cómo se porta conmigo. Posiblemente esta mi anterior relación borrascosa me haya servido para poder apreciar y valorar la actual con Rebeca. — Pues me alegra que te sientas feliz. ¡Brindemos por Rebeca y por ti Jorge!... Comimos muy bien, el aire de la sierra nos había abierto el apetito, y tranquilamente tomamos un buen café. —Perdona Jorge, son las cuatro y media, va siendo la hora; tenemos que coger camino a casa de Víctor Humanes. — Muy bien Santiago, ya nos vamos. Espérame unos instantes y mientras tanto abrígate bien.

Cuando salimos del mesón; estaba nevando y esto nos angustió un poco: pero sin dudar, montamos en el coche y nos dirigimos al rústico camino adoquinado, que nos lleva a la apartada casona de piedra del Doctor Víctor Humanes.

Jorge tuvo que bajar del vehículo y abrir aquella pesada y oxidada verja de hierro fundido que, al abrirla, hizo chirriar sus viejos goznes. Nos adentramos en una vía abovedada de árboles, y se notaba que aquella entrada a la finca era poco transitada, pues estaba alto de hierbas y matojos que rozaban en los bajos, aun cuando llevábamos un todo terreno. Después de unas centenas de metros; llegamos a una zona circular de aparcamientos, con una fuente en medio que por cierto se hallaba seca y una figura de un ángel labrado en piedra, con su dedo índice roto apunta justo hacia la gran puerta de madera maciza castigada por las inclemencias. A unos metros encontramos un perro *pit bull* aullando y quejándose... Jorge me dijo que podía notar que al perro le aqueja una grave enfermedad. Permanecía encadenado junto a una caseta hecha de madera, que a su vez se mantenía apoyada sobre cuatro piedras a modo de pilastras; para evitar el contacto con la humedad. El animal al advertir que entrabamos con el coche; con el afán de guardar la casa intentó tensar la cadena para acercarse, pero no con mucho convencimiento; se notaba que aquel perro no estaba muy en condiciones de atacar a nadie.

Antes de que pudiéramos tocar en el aldabón de la puerta para llamar, se abrió chirriante ante nosotros y asomó una gruesa señora mayor, que nos habló:

—*Bonjour, messieurs, que voulez-vous?*

— *Bonne dame, nous avons un rendez-vous; avec le Docteur Humanes ... Nous sommes Santiago Rodriguez et Jorge González. De bien vouloir vous informer que nous ici?*

—*S'il vous plaît entrer messieurs. Le docteur Humanes vient maintenant.*

Una figura enjuta enfundada en una gruesa bata oscura, asomó al final del pasillo, sin duda era el doctor Víctor Humanes; aunque en las fotografías que habíamos visto en los artículos científicos, nos pareció más voluminoso. —Buenas tardes señores, llegan puntuales, aunque supongo que esta ventisca de nieve no se los haya puesto fácil, en esta época del año hay ocasiones en que nos quedamos aislados del pueblo, hasta semanas enteras... Mi nombre como pueden suponer es Víctor. —Buenas tardes doctor Humanes, hablé con usted estos días atrás. Soy Santiago Rodríguez; doctor en Filología Hispánica y humildemente me dedico a escribir, como le comenté, vengo acompañado del Ingeniero Industrial Jorge González. (Nos dimos la mano y Jorge dio las gracias por la amabilidad que mostraba al atendernos en su propia casa).

Humanes es un hombre delgado, de baja estatura, pronunciada chepa, cejas muy pobladas y pelo sorprendentemente oscuro y abundante, para quién; y por los datos que teníamos, le rondaba una edad muy parecida a la mía, daba fe de ello las arrugas de su tez. Tiene también una cicatriz de una quemadura en parte derecha de su rostro, pequeños ojos y un marcado acento francés. —Muy bien señores... Por favor acompáñenme al calor de la chimenea, ahí estaremos más cómodos y confortables, tomando un café. A la edad que tengo me he vuelto muy amigo de la comodidad y no me viene bien el frío. Esperen que coja el cuaderno de notas que suelo utilizar siempre.

Nos quitamos los abrigos y los pusimos en un perchero de astas de ciervo. El salón es muy amplio y de una techumbre de vigas de madera a una inusual y considerable altura. Todo estaba decorado con muebles muy antiguos, las paredes eran parte de piedra y otros paramentos estaban formados con estanterías de oscura madera; abarrotadas de libros antiguos de pastas gruesas, casi todos de biología, química, medicina, botánica…   En otro apartado estaban las novelas desde los autores clásicos a los más contemporáneos…, ahí se respiraba sabiduría. Altos ventanales de madera noble estratégicamente dispuestos, cubiertos por largos y muy gruesos cortinajes, parecen tratados como un eficaz aislante ante la temperatura externa, y como si tratara celosamente de ocultar el interior; para que no pudiesen ver desde el jardín, que más que jardín parecía una zona boscosa. El doctor Humanes escogió su sillón (se notaba que era el más usado) y nos invitó a sentarnos. En la gran chimenea ardían troncas de madera de encina, las brasas despedían su peculiar aroma a hogar y sus llamas invitaban a abstraerse con su insinuante danza. De vez en cuando crepitaba lanzando algunas chispas.

—A ver Jorge, cuénteme esa experiencia y por favor estoy dispuesto a escuchar atentamente, tómese el tiempo necesario, no se precipite ni omita detalles por nimios que le parezcan. Yo prometo serle sincero, primero como biólogo y como persona que ha visto muchas extrañezas en esta vida, que sepa usted que no es la primera vez que me cuentan episodios como el que me apuntaba su amigo y antiguo profesor Don Santiago Rodríguez, cuando me habló por teléfono.

En ese instante sonó el aldabón de la puerta de la casa. Ya venía la señora con una bandeja con humeante té y café; así mismo con una botella de coñac francés, y unas copas que apoyó sobre la mesita que teníamos delante de nosotros.

—Amélie vous inquiétez pas que nous servons, s'il vous plaît ouvrir la porte devrait être le vétérinaire.

La señora fue a abrir y efectivamente era el que esperaba, venía acompañado del que supongo era el becario o el auxiliar de veterinaria. —Doctor Humanes y compañía; perdonen la interrupción. —Buenas tardes Don José. No se preocupen, están ustedes en su casa. (Humanes se levantó de su sillón y estrechó la mano de ambos.). —Y bien, dígame. —Don Víctor, cómo sabe la semana pasada tomé una muestra al animal que me ha corroborado junto con el examen que le he hecho ahora, que Campeón está muy grave, aquejado de la enfermedad de *Lyme*, con una complicación de insuficiencia renal severa y mortal de necesidad, no me queda más que indicarle que se le debería sacrificar para que no sufra.

En el rostro de Humanes, por unos instantes se dibujó la contrariedad, pero se recompuso, y con un gesto afirmativo, le indicó al veterinario que procediera. La señora Amelia que estaba vertiendo la infusión en las tazas, comenzó a temblar visiblemente, afectada por la dictada orden, sentencia inminente de ejecución; o dicho con más suavidad... el sacrificio piadoso de un animal indefenso. En los animales si está permitida la eutanasia, la decisión de cualquier ser humano es suficiente para que a un animal se le dé muerte. En el caso de campeón la dictamina un médico en veterinaria, este que debe saber lo que sufre el animal y lo que le puede quedar...
—Doctor Humanes, tendrá que ser mañana, no traigo inyecciones aquí. Así que mañana a las diez, vendré, le inyecto y lo transporto para incinerar, si a usted le parece bien. — Muy bien, muchas gracias por venir con este mal tiempo a examinar a Campeón, espero que mañana pare el sufrimiento del animal. Buenas tardes y vayan ustedes con cuidado con la nieve. (Amelia, acompañó al veterinario y su ayudante a la puerta.). —Bien Jorge, perdone esta interrupción, antes que nada y con su permiso, voy a leer el informe médico que me aporta...Tras unos minutos de estudiar los documentos, Humanes dijo:

—Gracias Jorge, por favor cuando lo desee usted, puede comenzar. ¡Soy todo oídos!

El doctor Humanes se ajustó un aparato auditivo en su oreja derecha, se colocó unas gafas de cristales redondos y gruesos…, apoyó una libreta en el brazo de su sillón, mientras, se colocaba en la situación más propicia para no perderse ni una palabra, ni un detalle. Miraba por encima de sus gruesas lentes hacia Jorge, cómo queriendo escrutar cada gesto de su cara, mientras exponía su narración que el doctor escuchaba   atentamente. Nada, en el semblante de Humanes mostraba sorpresa, nada de gesticulación en su rostro, se mantenía en total y absoluta impasibilidad; de esta manera yo no podía imaginar en que iba acabar su conclusión sobre el relato de la experiencia. Jorge, a veces, titubeaba como sintiendo un poco de vergüenza; pero no se salió en nada de lo que genuinamente me había contado a mí. Terminó y miró a Humanes tímidamente. El doctor inmediatamente retiró sus gafas y mirando a los ojos de Jorge, comenzó a hablar.

—Verá Jorge, yo opino que determinados procesos biológicos, pueden medio explicar, algunos minutos de esos cientos de experiencias en la agonía o muerte clínica de cuerpos, e incluso en los mismos médicos y científicos que las han sentido y contado. — Los cerebros no solamente cuando se produce la parada cardiaca, el óbito, incluso después, en la franja de tiempo que nos lleva a la muerte cerebral y hasta varios minutos después, podría ser, que un electroencefalógrafo, pueda acusar fallos; o no tenga la suficiente sensibilidad para detectar hasta el más débil e imperceptible pulso del cerebro. Yo le afirmo Jorge, que cuando disminuyen las funciones biológicas se pueden producir ciertas visiones o pensamientos, porque el cerebro guarda moléculas del oxígeno que aún no ha perdido, por no existir, una última y definitiva exhalación. ¿Podrían esas moléculas de oxígeno, mantenerse más tiempo en el tejido cerebral? no me cabe duda que aun habiéndose producido el colapso del corazón, se podría tener esa experiencia inherente a los seres biológicos, todo es cuestión de que el cerebro agonice y muera también. Puedo decir que los encefalogramas practicados en personas recién fallecidas; han demostrado cierta pequeña actividad, que se van minorando hasta que llegan a ser plano absoluto. Esto es: comprobando con los aparatos de precisión de la más vanguardista tecnología actual. La persona, se resiste a la muerte y se apoya en su última energía vital, trata de no perder el hilo de la vida; en ese inevitable y fatídico proceso que precede al óbito. Mi conclusión es: que esa fase de resistencia, se va convirtiendo casi siempre en la resignación, en asumir y compensar con lo positivo y alivio de que hayan desaparecido los dolores de ese cuerpo. La inercia de nuestro pensamiento utiliza el cerebro que no se apaga instantáneamente, porque dicho cerebro está ocupado y la energía mental rechaza esta trágica transición. Por consiguiente, el cerebro muere después que el corazón. Las creencias y vivencias que se han tenido en la vida, mediatizan el cómo sigue pensando y actuando nuestra mente, en los minutos críticos, que aún vive. Incluso los cristianos cuentan que durante la EDM; dicen, que se han encontrado con seres de luz. Mi opinión como hombre de ciencia, pero también como persona: No podemos ni debemos esperar que la biología haga un pronunciamiento a favor o en contra de que pueda haber otra forma de existencia, después de la muerte biológica. Y le digo: La parada del corazón no es la parada del cerebro. Los médicos siempre han tenido la facultad legal de certificar la muerte de un individuo, pero realmente lo que hacen es certificar que en ese cuerpo no hay señales de vida. La constatación de que sea el médico el que   firme la certificación profesional y oficial de la muerte, no quiere decir que él sepa mejor que los demás. Cualquiera que viera algunos síntomas, para esa persona su significado a su criterio que ya no existe vida ; son, por ejemplo, la falta de respiración, la falta de pulso, el descenso de la temperatura, la inmovilidad, el cambio de color, la rigidez muscular, la descomposición cadavérica...El cerebro es capaz de sintetizar a través de procesos entre los impulsos eléctricos y químicos. Jorge, usted que es ingeniero, imagínese las ondas electromagnéticas que son lanzadas como impulsos eléctricos en una amplia gama de frecuencias; bien pues cada uno de estos impulsos se transforma en "órdenes". Que están destinadas a distintos efectos sobre la conducta, las emociones. Los   catalizadores son unas sustancias llamadas neurotransmisores. Las ondas cerebrales detectadas por electroencefalógrafo, procedentes del manto de tejido nervioso que cubre la superficie de los hemisferios cerebrales; y que son dimanantes de una actividad neuroquímica, en estructuras más profundas. Don Jorge, quiero decirle que la Biología como ciencia, no acepta fenómenos que no sean químicos y físicos. Correcto, necesario, legítimo. Jorge, la muerte le ocurre primero al cuerpo del ser animal y después a su cerebro como materia orgánica. La muerte cerebral es un poco más lenta si se me permite la expresión. La muerte cardiaca y la posterior cerebral no es la misma cosa. O sea, es de la competencia de una autoridad científica, la que puede definir la muerte cerebral con una serie de comprobaciones y unos instrumentos apropiados.

—No hay prueba científica de que un alma sobreviva sin tener un cuerpo biológico, pero también les digo que estoy seguro que existen misterios que no hemos descifrado. Realmente son inalcanzables a la ciencia de hoy, aún tan joven y básica. Jorge lo que usted ha sentido, no dudo, sea producto de una reacción biológica natural, o…, (levantó sus manos, con un gesto de desconocimiento) de algo "sobrenatural" que los científicos por desgracia, no tenemos como probar. No sería ético negarlo si realmente no podemos demostrarlo. Tan sencillo como eso. Jorge me voy a meter en un charco como dicen por aquí: Cada ser humano tiene, llamemos un alma o energía cósmica que complementa nuestro sistema somático. Sabemos que la homeostasia es compleja en el cuerpo humano, es una obra de ingeniería avanzada acompañada de la Epistemología hacen de un ser humano, algo tan maravillosamente construido y a la vez tan frágil… —Puedo llegar a imaginar, que su mente viva después de… Ahí, el cuerpo queda y la mente vuela hacia no sé dónde. Muchos testigos coinciden en estas experiencias. Esto permite la presunción de que puede darse una separación de la mente y el cuerpo muerto. En la biología no hay nada que niegue esa posibilidad. Yo como persona pienso que nuestra mente: sí; perdura en el tiempo y que hay una cierta forma de vida que depende de quién hemos sido y en que hemos creído durante nuestra vida, llamémosle terrenal. Ya sabe mi opinión señor González y sepa que esta misma me ha traído complicaciones con mis colegas…

(El Dr. Humanes durante unos instantes ordenó unos documentos que aportó Jorge, y continuó diciendo): —Bien, he estado leyendo el informe médico que me trae y no me puedo explicar cómo a usted; según han calculado; ha estado más de diez minutos sin sus constantes vitales, y no tenga lesiones cerebrales y que le hayan desaparecido las lesiones internas de su pulmón y corazón, después de haber sido resucitado tras el infarto. Yo conozco al cardiólogo Luís Garrido con el cual he tenido el placer de coincidir en varias ocasiones, y puedo decir que es un excelente profesional de la medicina. Así que esto a mí me sorprende… porque supongo que después de esa experiencia, se deba usted sentir como un niño, pues las nuevas   pruebas demuestran, que   tiene una   salud perfecta. ¡Inexplicable por la ciencia! ¿No creen? El doctor Humanes, miró por encima de sus gafas a uno y a otro…, creo que, está tan perdido y perplejo como nosotros que nos encogimos de hombros con la misma incredulidad que él.

Se dirigió a mí y dijo: —Don Santiago, espero que trate esto en su escrito, como algo que aun siendo un eterno tabú, a la gente le dé que pensar y replantearse sus miedos y creencias. ¡Qué es posible casi todo! Espero que les haya servido de algo mis explicaciones y les doy las gracias por venir hasta aquí, y les deseo un buen viaje de vuelta.

Nos colocamos los abrigos ayudado de la señora Amelia. Fue entonces, cuando Jorge le dijo al Doctor Humanes:

—He oído la conversación que ha tenido con el veterinario. Le pediría por favor que anulara el sacrificio del perro...

Todos nos quedamos sorprendidos ante aquellas palabras y dimos una callada por respuesta, ante aquello no se nos ocurría nada que decir. Amelia, nos abrió la puerta acompañada de Humanes. Jorge se dirigió hacia la caseta del perro que estaba guarecido dentro. Jorge poniéndose en cuclillas delante de la misma, dijo de una manera muy amigable y suave:

—¡Ven campeón! (Temimos por unos instantes por Jorge ya que era un perro de presa de los llamados "peligrosos" y más, de quién no conocía). Sorprendentemente el animal arrastrando sus patas en señal de sumisión se fue acercando a Jorge, vi como gemía por los dolores y caían lágrimas de sus ojos, como si de una persona se tratara. Jorge comenzó a hablarle muy suave y bajito mientras se frotaba las manos e instantes después las colocó sobre la cabeza del animal.

¡Humanes, Amelia y yo nos miramos con incredulidad!

El perro se tumbó mientras Jorge con los ojos cerrados y con una mueca de dolor en su rostro; continuaba pasando sus manos por todo el cuerpo del animal que permaneció sumamente inmóvil, hasta sus ojos estaban con una mirada perdida. Unos minutos después; el cuerpo del animal de vez en cuando convulsionaba y se orinaba como si hubiera días que no lo hiciera… ¡Quedó paralizado totalmente, solo suaves respiraciones que se hicieron más débiles hasta llegar a ser imperceptibles! Le quitó la cadena de su cuello. Fue entonces cuando Jorge se irguió y quedó de pie ante el cuerpo del animal. Pensé que le había dado muerte, pero ¿cómo? Amelia comenzó a sollozar, Humanes permanecía atónito con los ojos muy abiertos y yo inconscientemente señalaba la escena mostrando mi asombro. Jorge sin apartarse del cuerpo gritó fuertemente.

—¡¡¡Campeón!!!

El animal de un salto se levantó, se sacudió varias veces y comenzó a correr como loco revolcándose por la nieve, retozaba lleno de vida y con la alegría de un ejemplar sano. Vino corriendo hacia Jorge y con tanta fuerza que le hizo caer sobre la nieve y allí, jugaba y lo lamía, mientras Jorge se reía complacido con las muestras de cariño de aquel agradecido animal.

Eufóricamente sorprendidos ante aquel espectáculo nos dimos cuenta que habíamos asistido a una sanación sobrenatural e inimaginable, Jorge con solo sus manos, lo consiguió curar. Amelia se acercó al salvador y le quiso besar las manos, pero él, no se lo permitió… El doctor Humanes permaneció con la boca abierta, supongo que pensando que tantos años de estudiar y no haber conseguido la fórmula ni la habilidad que había demostrado Jorge en aquellos mágicos minutos. Solo acertó a decir: —¡Sobrenatural!

Ante aquel hecho yo me preguntaba si sería capaz de curar este páncreas que me está matando a marchas forzadas…, pero ni me atreví a comentarle, porque siempre me cuestiono si merece la pena seguir   viviendo.

Jorge parecía extenuado de aquello que hizo con Campeón, se supone que aquello lo había dejado casi sin energía.

Yo   creí que no   era el momento de hablar con él, de mi enfermedad. El viaje de vuelta fue de casi mutismo total, excepto que en un momento de furia contenida dijo: —"Ojalá metan a campeón dentro de la casa…, el animal es un ser vivo que podría hacer feliz a cualquier persona con corazón, además no trataría a su amo de la misma manera. Lo ha dejado amarrado a una cadena; expuesto al frío". ¡Qué pena me da la falta de sentimientos de algunas personas!

Las máquinas quitanieves y la sal, ya habían hecho su trabajo, el tranquilo regreso fue solo pensar y repensar en la   vivencia extraordinaria   de   aquel día (por lo menos para mí) mágico. Estábamos satisfechos con aquel viaje y yo desde hace muchos años que no me encontraba tan bien, ni tan siquiera molestias, ni excesivo cansancio. Fue un fabuloso e increíble día, al menos para mí.

Después de despedirme de Jorge; entré en casa y tomé una larga ducha caliente, mientras recordaba una y otra vez aquellos momentos en que el Doctor Víctor Humanes; ni lograba decirnos adiós, de lo sorprendido que quedó con el detalle que tuvo Jorge con Campeón. Le devolvió la vida. Amelia emocionada exclamó con un marcado acento francófono: —"Señor es usted un ángel". Jorge con el rostro iluminado por la satisfacción, de haber hecho un bien por un amigo fiel del hombre, se limitó a entrar en el vehículo, y yo le seguí. Hoy no voy a escribir, me voy a acostar temprano para saborear cada escena y cada palabra…, los momentos felices vividos en este día…, presiento que voy a dormir plácidamente, quieras o no, el viaje me ha dejado cansado pero feliz. He salido de la rutina de mis ermitaños días en esta casa, sin relacionarme con nada ni nadie más que; con mi lectura y escritura.

Me tomo un vaso de leche caliente, cepillo mis dientes y hasta mañana. Me eché sobre mi mullido sofá acomodando mi cabeza con el almohadón y cubriéndome con el pesado y confortable edredón.

El acompasado tic tac del reloj me acunaba, y casi cuando estaba dormido como tantas otras noches, sentí que suavemente se sentaba a mis pies…pero como siempre miré y no había nadie. Suspiré profundamente y sonriendo…, di las buenas noches a la María que tanto añoro, y me abrazo tristemente a Soledad para abandonarme al sueño.

Una candorosa llama azul se erguía ante mis ojos, lo iluminaba todo de calidez y bienestar; una sensación de paz me inundaba con una plenitud de felicidad jamás soñada.

—¿¡Qué es esa llama!? —Me preguntó una dulce voz de mujer. Hipnotizado, tenía extasiada la mirada en aquella belleza azul, pero contesté sin dudar: — ¡Es la VIDA! La energía de las almas, es el soplo que hace que el hombre tenga la virtud de pensar, amar y crear; es la paciencia, la generosidad, la gratitud. Lástima que nosotros mismos estemos queriendo oscurecer e incluso apagar esa llama. La voz de esta dulce mujer me contestó: —En efecto, es la vida, es tu vida, la vida de las mujeres y hombres. No la desprecies y lucha por vivir, mantén esa llama encendida en tu corazón es lo que quiero de ti…, soy María. — Un estremecimiento recorrió mi cuerpo y desperté sobrecogido. ¡Era un sueño! La llama azul. ¿¡Qué mensaje o significado tenía ese sueño!? ¿Cómo se me ocurrieron aquellas palabras para describir aquella preciosa llama azul? ¿María? Aquella no era la voz de mi esposa. ¿O sí? — Me estaba pidiendo que luchara por mí, y que no dejara de ver lo bueno que tiene la vida en este mundo. Me volví a dormir con el deseo de querer continuar aquel sueño tan enigmático y al mismo tiempo tan lleno de paz.

Me levanté temprano, como de costumbre cuando también me acuesto temprano, y mientras disfrutaba mi primer café matutino, recordaba el día anterior con mi amigo Jorge y el sueño que esta noche tuve. En fin, algo que me ha dado muchos ánimos. Sobre las diez de la mañana me dirigí hacia el centro comercial dónde Jorge había sufrido el infarto. Ya había quedado con el director del mismo para ojear lo que había grabado las cámaras del establecimiento en el momento de los hechos. Pregunté por el director y enseguida me atendió. —Buenos días soy Santiago Rodríguez, amigo de Jorge González, el señor que tuvo un infarto aquí estos días atrás. —Buenos días, Manuel Holgado, responsable del supermercado. Sí, Don Jorge me pidió que le mostrara la grabación del momento en que se desplomó y fue reanimado por una cliente, que supimos desde ese momento que es médica, y para nosotros fue lo mejor que le pudo ocurrir en ese día a este establecimiento. Si, aquel día no fue bueno para nosotros, excepto porque Jorge se pudo recuperar, pero en el transcurso de esos malos momentos cuando la doctora le estaba aplicando el desfibrilador, curiosamente en la calle paralela y a todo lo largo de las estanterías de las conservas se cayeron cientos de latas al suelo sin que nadie las tocara. — Gracias Don Manuel, cómo sabe Jorge hoy está trabajando y me ha pedido que viniera yo, le rogaría que me diera una copia de la secuencia. No se preocupe que no es para mostrarlo — De todas formas, esta secuencia podría ser de cualquier calle de otro supermercado. Venga por aquí que le muestro el momento.

Mientras que estamos viendo la grabación; observo que hay un hombre también auxiliando a Jorge en el momento que está en el suelo, trato de ver su cara, pero es la única que aparece difuminada en la grabación, porque a los demás que estaban allí se les podía ver sus rasgos, el volumen corporal de este hombre venía a ser como el de Jorge… Hay un momento en el que el vigilante jurado del supermercado viene corriendo con el desfibrilador y se agacha junto a la doctora; colocándose físicamente en el mismo sitio que la persona que estaba al lado de Jorge y Rebeca. Esta figura se evapora en el espacio de su mismo cuerpo. El vigilante es…, quien invade el sitio, como si "el sin rasgos" fuera una proyección virtual o aún algo más tenebroso: Un fantasma, que se diluye en el espacio completamente... Intento verlo a cámara lenta varias veces y para mí no deja lugar a dudas mi observación, aunque me dijo el señor Holgado que aquellas películas se graban archivos uno encima de otro y que pudiera ser una superposición de secuencias…Yo personalmente, no veo tan claro el argumento de Manuel. Lo respeto, pero noté que el director del supermercado al mismo tiempo que esgrimía esa explicación, se estremecía dejando lugar a unas dudas que por miedo no quería admitir. El trozo de secuencia de película grabada desde que Jorge cayó hasta que se recupera y recoge el teléfono, dura 10 minutos y algunos segundos contando desde que cae hasta que se levanta. Habría que preguntar a la doctora quien era aquel extraño ayudante, si es que realmente lo hubo en ese momento en que Jorge fue reanimado por Rebeca. Me despedí del director del establecimiento, dando las gracias, por la secuencia grabada que consideré adecuada, no sin antes haber firmado un documento en el cual se prohibía la exhibición del mismo, en ningún medio; y que yo lo recibía con el consentimiento expreso de Jorge que le había enviado por correo electrónico a la atención del director.

Lo pude visionar varias veces en casa. Me dispuse a hablar con Jorge... Marqué su número. —Hola Jorge, buenas tardes, soy Santiago. —Hola Santiago, buenas tardes, ¿Cómo estás? —¿Está contigo Rebeca? querría hacerle una pregunta y después hablo contigo, para quedar en la visita a Ricardo Morán; el psicólogo que te hablé. Bueno... suponiendo que quieras seguir con esto. —Si, lo tengo muy claro Santiago. Te paso a Rebeca. —Hola Santiago, ¿qué tal? —Hola, Rebeca me gustaría hacerte una pregunta. ¿Puedo? — Claro; dispara. — ¿Cuándo estuviste reanimando el cuerpo de Jorge hubo alguien ayudándote hasta que vino el vigilante con el desfibrilador?

—No, había gente de pie, pero les dije que se separaran para dejar maniobrar y que no faltara aire, todos estaban en un radio de más de dos metros. Solo noté como una brisa de aire, de un frío intenso. Aunque estaba en la zona refrigerada de los lácteos; pero, aun así, aquello no parecía natural, y me hizo estremecer. Aún más, en esos momentos, el pecho de Jorge pareció tener estertores pulmonares como si alguien estuviera apretando su tórax secuencialmente, lo notaba cuando hacía la respiración boca a boca. Eso fue anormal en estos casos, es por eso que lo compartí con un compañero y tampoco supo darme una explicación médica a que era debido esto que le expuse. Supongo que estaba nerviosa también. ¿Por qué lo preguntas Santiago? —Rebeca es que observé algo en la película que quiero que vosotros también veáis. Así que cuando estés libre de tus turnos lo vemos juntos. ¿Me pasas a Jorge? ¿Por favor? —Dime Santiago ¿Para cuándo hemos quedado con el tal Ricardo? —Pues el sábado que libras de tu trabajo sobre las 11:30, si te parece bien.—¿Vienes a recogerme a las 11:00? es por aquí cerca, a 10 minutos de casa. —De acuerdo Santiago, ahí estaré como un clavo. —Jorge te voy a pedir un favor si me lo permites y crees conveniente. Bien, para continuar esta investigación con el mayor rigor, necesitaría la grabación del teléfono que se produjo cuando te llamó tu ex… Quiero verificar todas las voces, sonidos que se produjeron y las reacciones de la gente y comparar con la secuencia de vídeo, así como sincronizarla con el sonido. Esos diez minutos me pueden aclarar algunas dudas que tengo…— Claro Santiago, sin problemas, todo lo que me pidas que yo pueda darte, estará en tus manos bajo tus órdenes. Quiero darte las gracias por todo lo que estás haciendo por mí, además te felicito por lo que hasta ahora has escrito y me has adjuntado en mi correo electrónico. Me siento muy honrado de estar en manos no solo de un veterano escritor, además de un arduo investigador y, sobre todo, un amigo incondicional que me está ayudando sobremanera. ¿Cómo te podría pagar todo esto, Santiago? —Uhm, pues eso me lo estoy pensando, pero jamás te costará un céntimo.

Me reí y Jorge hizo lo mismo. —Ya sabes Santiago que eres tú el que lo decides yo estoy a lo que tú ordenes profesor. —De acuerdo el sábado a las 11:00 horas estoy en el bar de "El pescador" que quiero invitarte a desayunar. Ah perdona, que quiere decirte algo Rebeca. — Santiago, este domingo te quiero ver aquí en casa de tu amigo Jorge que te vas a chupar los dedos con la paella de marisco que os voy a hacer. No me puedes faltar, ¡mira que la buena cocina la traigo en herencia de mi madre! Se escuchan ladridos de Rocky. Lo manda a callar Rebeca diciendo al animal… ¡Para ti, también hay paella! (Nos reímos los dos de la espontánea ocurrencia de Rebeca). —Bueno, como dice el bueno de Jorge. ¡A sus órdenes doctora! — Así me gusta; a la una de la tarde del domingo, aquí. Besos Santiago

Cap. 28.º. Visita al psicólogo.

Como siempre tan puntual estaba Jorge en "El Pescador". Después de los saludos me entregó un disco con la grabación de su teléfono, aquella que le había pedido, creo que esto me va a aclarar algunas incógnitas que tengo…

Nos dirigimos por el paseo marítimo hasta el despacho del psicólogo, mientras tanto le iba contando lo de la película que recogí en el centro comercial de manos del señor Holgado.

    Hemos llegado; pulso el   timbre de su módulo en el edificio de oficinas…, automáticamente se   accionó la   cerradura   eléctrica y entramos. En la   puerta   de su   despacho nos esperaba Ricardo Morán, el psicólogo tan especial que también se dedica a aquellos temas que tienen que ver con lo que llamamos parapsicología o fenómenos sobrenaturales. Nos   recibió muy   amablemente…, nos presentamos y nos invitó a sentarnos. Sacó de su portafolios unos apuntes con las supuestas notas; que yo le había estado indicando en todos estos días del tema sobre lo acontecido a Jorge, y la concreción de esta cita en la   que nos hallamos en estos instantes . Pidió unos minutos para leer y tomar alguna nota. Mientras tanto yo miraba alrededor con discreción, podía ver una decoración muy cargada de estatuillas de diferentes culturas y procedencias; cuadros del mismo estilo, algunas velas de hierbas aromáticas. Una tenue luz que procedía de dos lámparas de pared, más una pequeña lamparilla sobre su mesa de despacho. Muchos diplomas de parapsicología, hipnosis, algunos en lenguas orientales y el que yo estaba buscando con mi vista: el título de psicólogo. Extraña aquella decoración, su forma tan extravagante de vestir, su perilla de chivo más bien me parecía uno de estos charlatanes iluminados… A Jorge supongo que le pareció lo mismo, porque cuando entramos en aquel despacho que más   bien parecía un antro, me   miró confundido… Yo lo había traído a un sitio sin conocer la faceta de este afamado psicólogo. Lo más impactante era una pintura en lienzo en la que se podía ver: Un ángel alado, armado con una lanza que clavaba en el cuerpo de un demonio que tenía bajo su pie izquierdo.

—Como saben, soy Ricardo Morán; Licenciado en Psicología Clínica y Doctorado en Fenomenología de la Psicología Experimental, por la Universidad de Milán. En otra faceta paralela soy miembro del Instituto Psicológico Paranormal, en el que estudiamos una disciplina que procura comprender científicamente el comportamiento de fenómenos tales, como la telepatía, la clarividencia, la premonición, la telequinesis… He estudiado también los exorcismos, la sanación, apariciones, psicofonías, experiencias después de la muerte, viajes astrales y una larga lista de fenómenos… Con estos estudios y con una larga labor de investigación, trato de desenmascarar a los charlatanes que viven de timar a la gente; que se encuentra en una posición de debilidad anímica. También me quedo con lo de verdad que tienen estos fenómenos y desecho lo indemostrable. En profundidad y trato de aprovechar lo que encuentro como causa efecto. La mente de los seres humanos no se ha activado más que en una pequeña parte de las capacidades que realmente podríamos desarrollar. Nuestro objetivo en estos casos es racionalizar y abrir canales en nuestras mentes, no solo a lo que se espera de la vida cotidiana. Noto cuando una persona se extraña al asomarse a esta otra forma de entender la vida. Yo si soy de los que creen en los fenómenos paranormales, y he estudiado durante muchos años, lo que gran parte de los psicólogos lo tildan de poco serio. Santiago me ha ido dando datos que pudieran ser muy relevantes para aclarar, ordenar las ideas y encontrar la explicación a todo ese episodio que sufrió. Lo primero que haremos y siempre con su permiso es escuchar de su boca todo el relato, pero si me permite para ello tengo un método que no es el habitual que utilizan otros colegas

— Ruego me permita someterle a   hipnosis y grabar con cámara de video dicha sesión; que después puede visualizar y decidir si la quiere conservar o destruir. Sepa que soy hipnotizador colegiado. Para mí todo lo que usted diga durante el trance de su hipnosis es secreto de confesión que no puedo divulgar, es más yo le firmo un documento en el cual me comprometo a no transferir a terceras personas o entidades; ni las imágenes ni la voz de la persona que se presta a ser hipnotizada. También pido que usted debe firmar; que está de acuerdo en someterse a dicho hipnotismo con fines terapéuticos.

La hipnosis es una técnica basada en la sugestión. Aborda la introspección de la mente del hipnotizado. Quedando ciertas partes de la inconsciencia o algunos sentimientos, que no quisiéramos nunca dejar al descubierto…; o sea nuestra vulnerabilidad, algo que se pueda usar como nuestra flaqueza…, nuestro talón de Aquiles… Y otra parte de nosotros mismos que desconocemos y que sólo intuimos que existe; cuando   circunstancialmente percibimos emociones jamás sentidas, miramos imágenes y símbolos extraños, escuchamos sonidos, y olemos aromas que nos impactan. Todo ello es consecuencia de las vivencias que van llenando nuestro cerebro y nos hace ser de una manera o de otra, inconscientemente. La Hipnosis Clínica la aplico para conocer al   máximo que se me permite ver el subconsciente, y de esta manera estudiar todos los parámetros, así como psicoanalizar al paciente, y por consiguiente aconsejarle el tratamiento terapéutico más adecuado. La hipnosis, libera la mente racional en su parcela consciente, es en ese solo momento, cuando permitimos dejar al   descubierto nuestro subconsciente, expresando todo lo concerniente a nuestro ser más íntimo y nuestra conciencia en el estado más puro. Es en este trance cuando nos permitimos exteriorizar sin tapujos. La técnica de la hipnosis se utiliza hasta como anestesia. Pero, cuando una persona tiene miedo a ser hipnotizada, este efecto de negación se convierte en un obstáculo ya que, para conseguir una hipnosis efectiva, el sujeto debe tener receptividad a ello y tratar de minimizar ese rechazo. Lo mejor es hacer lo que estoy intentando con usted Jorge, y es hablar de ello y le aseguro que si acepta a ser hipnotizado; va a ser consciente, de todo cuanto ocurra a su alrededor. Nadie le puede obligar a decir o hacer algo que usted no desea. Eso que se ve en los shows de televisión, es falso y deja en mal lugar a la verdadera hipnosis e incluso se está ridiculizando, al actor que está cobrando por prestarse a ello. La hipnosis no deja secuela , o sea olvídense de las teatralidades que se ven en los espectáculos o sesiones de cine. El objetivo de la hipnosis en este caso Jorge es averiguar, investigar, analizar, lo más recóndito de esa experiencia después de la muerte que usted ha tenido. Es conveniente porque así estamos intentando despejar sus dudas, conocerse más así mismo, encauzar su filosofía de vida , racionalizar y ordenar su mente si ello fuera necesario. Nadie está exento de padecer cualquier trastorno y con ello no estoy diciendo que usted tenga algún síndrome de tipo psicológico. Por otro lado, estudiar los fenómenos extraños que según me cuenta el profesor Don Santiago. Con estas pruebas tendrá más datos para amueblar su investigación sobre este controvertido tema. Deseemos que su libro no sea algo intrascendente, sino que enriquezca al ser humano y que pueda dar argumento (que no pruebas) para minorar el miedo y esa pregunta sin respuesta: ¿Qué hay después de la muerte?... Lógicamente en aquellas personas más escépticas, porque de ninguna manera; tenemos pruebas tangibles ni científicas. Pero sí; las experiencias repetidas; que nos predispongan a afrontar las situaciones con más seguridad en nosotros mismos, y que su obra sea comparada a un método o guía para saber vivir la vida, disfrutarla, y no tener ese miedo a ese tránsito ineludible, a esa cita inexcusable con la caducidad de nuestro cuerpo biológico. Y cómo no…, para enriquecer intelectualmente a este humilde profesional de la psicología; y pueda aprender más de su experiencia y me sirva para ayudar a las personas; que tengan la necesidad de consultar mi opinión profesional. (Señalando a una puerta del despacho siguió diciendo).

—Tengo un laboratorio de imagen y sonido en el que estudiamos los fenómenos de una forma electrónica; para poder escuchar o ver ciertos fenómenos; que no alcanzamos a percibir; ya que nuestros sentidos están muy limitados. Sin embargo, hay animales que pueden ver, oír, oler y captar presencias o proximidades; de lo que llamamos "entes" que pueden ser negativos o positivos. Incluso pueden ver una enfermedad y estado anímico que tiene un ser humano. Es el perro. Los canes son animales muy especiales. Nosotros tenemos perros lazarillos para cuidar a gente que están atravesando una posesión de un ente o simplemente una depresión por poner algo más popular y no menos importante, de todas formas, tienen las dos un cierto grado de vinculación desde mi opinión personal.

—Don Santiago, antes de proceder a hipnotizar, si él me lo permite me gustaría examinar el archivo de imagen del supermercado y el sonido del teléfono durante el episodio que sufrió. Pasemos al estudio por favor.

El Señor Morán sacó de su bolsillo la llave que abrió aquella puerta, pasamos a una sala que más bien se asemejaba a un estudio de grabación con muchos monitores de vídeo y altavoces. Aquel especial espacio le produjo a Jorge gran interés, supongo que como ingeniero le atraiga aquellas cosas más que a mí. Busco en mi cartera, donde traigo un disco con las imágenes y otro con el sonido y se lo ofrecí. Para mi sorpresa se colocó unas mangas antiestáticas y manipuló aquel objeto con un protocolo bien aprendido. Se puso unos cascos auditivos y nos comentó que iba a sincronizar la imagen con el sonido, y después, con un analizador espectro-gráfico estudiaría los diferentes fotogramas, y las frecuencias de todo el espectro de emisiones de sonidos del archivo que contenía el audio. Aquel fue un trabajo de unos veinte minutos por parte del psicólogo.

Nosotros esperando pacientemente y al mismo tiempo expectantes, permanecimos sentados en dos cómodos   sillones.   De vez   en cuando, le mirábamos y veíamos cierta cara de sorpresa, interés e inusitada incredulidad. Fruncí el ceño en un gesto de impaciencia y de   curiosidad, mientras miraba   a   Jorge. El psicólogo seguía ensimismado con su trabajo, sus cascos   ajustados y el monitor dónde estaba viendo la   secuencia de imágenes. Hacía algunos apuntes a lápiz de vez en cuando. Cogió su móvil e iba marcando un número, mientras salía de la sala, supongo que para hablar de lo que estaba viendo.

Quedamos   en   espera, y a los pocos minutos entró de nuevo y dijo:

—Jorge, hay cosas en el vídeo que puede ser positivo que vea un experto técnico en este tipo de programa. Le he estado preguntando sobre algunas dudas que tengo, pero me dice que es complicado explicar por el teléfono, que necesitaría ver la secuencia para opinar; y él está dispuesto a venir ahora. Le he explicado que es para un paciente mío y que necesitaba pedirle permiso a usted…. solo estaría el tiempo de descifrar algunos parámetros del vídeo. ¿Qué me dice Jorge? —Señor Morán, todo esto lo cataliza y dirige Don Santiago y es el que tiene este trabajo entre manos, para mí, lo que él decida está bien. Esperaba esa confianza de Jorge no quiero que en ningún momento esto se vuelva una atracción de feria, tendré que ser cauto, primero, por Jorge y después porque nadie me copie mi trabajo sobre este caso y adivino que el psicólogo ha visto más de lo que esperaba en esos archivos. Hablé con autoridad sobre la situación: —Señor Morán, como ya ha dicho Jorge, yo llevo este tema que me parece de la discreción más absoluta por el bien de él. Sé que de usted no puede salir ningún comentario no autorizado por nosotros, pero este señor del que me habla, es un técnico en estos programas, no sabemos…Lo siento mucho, no puedo permitir esa visualización.

Busqué la aprobación de Jorge con la mirada y él asintió.

—Don Santiago, como usted diga. Intentaré ser lo más objetivo posible con mis apreciaciones y que ustedes puedan mirar y escuchar el video. Con permiso, voy a darle al reproductor y podrán apreciar que están en perfecta sincronía la imagen y la voz. Me parece señores que esto es un documento que para mí es de lo más esclarecedor que he visto en mis años de investigación. Creo que les pudiera producir un impacto emocional perenne en su mente, así que pido y pregunto: ¿Realmente desean verlo? Por lo menos a Jorge le va a parecer muy turbador, no solo porque se verá muerto sino por lo que le acompaña en este trance tan prolijo en personajes fantasmagóricos, que se han puesto al descubierto; con el revelado de la cámara espectro-gráfica y el analizador de frecuencias auditivas. El doctor en psicología, se quedó pensativo durante unos instantes, Jorge y yo nos miramos preguntándonos con la vista: ¿Qué pasaba por la mente del psicólogo? Un minuto después Morán levantó su cabeza escrutando nuestras miradas… después decidió: —He cambiado de opinión y como psicólogo y ante esto que he podido mirar y escuchar en sus archivos; aconsejo hacer primero la hipnosis y psicoanalizar a Jorge ya que es mi paciente, y necesito saber si él, está preparado realmente para ver esto. Jorge me miró esperando que yo hablara y respondí: — Sí, doctor prefiero que dictamine si él está preparado y que después decida, si quiere o no visualizarlo, no quiero que sea un impacto emocional nocivo. Yo no me lo perdonaría. — Bien. Por favor Jorge acomódese en este diván. — Como en un procedimiento ritual, el Doctor Morán, atenuó la luz de la sala, puso una música exótica y cadenciosa en su rítmica, prendió unas velas aromáticas y puso en funcionamiento un proyector; que dejaba ver sobre el techo las imágenes de una especie de universo, estas figuras se presentaban ante los ojos de Jorge. Todo era muy relajante, a los minutos sus párpados se le adivinaban pesados, Jorge, luchaba por no cerrarlos, mientras, el psicólogo observaba en la sombra, sentado sobre un gran sillón, parecía esperar el momento y la condición idónea para comenzar su estudio.

De repente Jorge entornó los ojos, relajó los músculos de su rostro, intentando facilitar al hipnotizador su labor y entrar en el trance al cual le invitaba. Sus párpados cerrados dejaban ver un movimiento rápido de los globos oculares que desde mi posición en la sala podía ver perfectamente. Su brazo izquierdo se puso tenso y su cara se crispó en dolor, me empecé a preocupar por si fuera peligroso para Jorge. Busqué la mirada del doctor, que mediante un gesto me quiso tranquilizar dirigiendo su mirada al monitor del electrocardiograma, al cual estaba conectado mediante ventosas colocadas en su pecho y en sus piernas. No se veían perturbaciones inusuales como cuando me hacían estas pruebas, quizá las pulsaciones se alteran un poco. La presión arterial está dentro de los rangos normales. EL Doctor Morán giró un potenciómetro de la música lentamente y bajó la frecuencia de las luces de aquel proyector. Todo se hizo más tenue. Se podía oír los trazos de la impresora que estaba grabando el electro. Una grabadora estaba siendo testigo de cualquier sonido o ruido de la habitación; adiviné que estaba sincronizada en tiempo real con la máquina que medía incesantemente, las constantes vitales de mi amigo Jorge. El Doctor Morán comenzó a preguntar a Jorge, unas tras otras las fases de cómo desembocó la situación, y que le precedió a esta…

¿Qué le había ocurrido aquel peculiar día, en el que sufrió el infarto? Jorge relata tal como me lo había contado a mí, se le apreciaba profundamente dormido, pero no dudó en ningún momento en responder a todas y cada una de las preguntas. Luego Morán comenzó a subir la música y la frecuencia de ráfagas del proyector. Tocó a Jorge para que se incorporara tranquilamente. A Jorge le notaba incluso más relajado que cuando llegamos al despacho del psicólogo. Parecía como si hubiera descargado gran parte del stress que le acompañaba estos días. — Bien Jorge, si le parece, vamos a ver la proyección y escuchar los sonidos. Veo que usted está en disposición de ello y que va a saber encajar esta situación un poco extraña; incluso para los que somos estudiosos de estos temas. Este archivo es muy especial. Espero Don Jorge, que esto no mediatice su vida, ya que el ser de luz del que me habló usted antes, le está protegiendo y le ha rescatado de la muerte. Ha sido sin duda tocado por La Mano Espiritual del Más Allá. —Creo que algo tiene que ver una figura que aparece dentro de la grabación que exclama: — *"Ne mihi, frater, quia sine te nihil sum"*, —Tiene un gran parecido físico con usted, aunque su rostro se ve difuminado. ¿Vemos la grabación? Se me encrespó todos los vellos del cuerpo cuando escuché a Morán decirle aquello a Jorge, era una oración en latín que viene a decir: *"No me dejes hermano que sin ti no soy nada."* Por el rostro de Jorge, vi que había aprendido las lecciones de latín, sus ojos se llenaron de lágrimas y ladeó la cabeza en señal de fingir entereza.

Hace décadas en el Instituto "La Rábida" yo les daba clases a Jorge y Javier González. Gemelos tan parecidos que nunca acertaba a saber, quién era uno y otro. Los apodaban "Los Jotas"…; nadie se atrevía con ellos pues la pelea podría ser de dos contra uno. Los hermanos eran muy buenos estudiantes; recuerdo que tenían la sana costumbre de hablar en latín. Esto les venía bien…, una forma de estudiar mi asignatura. Yo notaba que Jorge estaba siempre pendiente de su hermano Javier y es que este último, había heredado una malformación en el corazón; que ellos nunca explicaban… Al final, supe que era una afección coronaria; la misma de la que habían fallecido su padre y abuelo. A mitad de curso, uno de los días en que yo pasaba lista, "Los Jotas" faltaron a mi clase de latín, prevista para la primera hora de la mañana. El director del centro, José Marchena, me dio la luctuosa noticia:

Javier y Jorge corrían cuesta arriba para llegar al instituto; ya que se les hacía tarde para la entrada en clase…, fue entonces cuando Javier cayó fulminado. Jorge pidió auxilio y desesperado e impotente mientras, infructuosamente intentaba reanimarlo... La muerte de Javier fue como su propia muerte. Durante meses Jorge no asistió a clases.

El señor Morán me sacó de mis pensamientos preguntando si podía empezar a visualizar el video. Asentí, mientras me intentaba recuperar de la turbación al ver el semblante de Jorge y la congoja que me produjo aquel funesto recuerdo. El psicólogo señor Morán puso en marcha la grabación de vídeo recogida por una de las cámaras en el establecimiento; con una vista sobre los lácteos refrigerados. Ahí se ve la figura del bueno de Jorge empujando su carro aún vacío, en un supermercado casi desierto. Jorge entonces, hace un gesto de coger el teléfono móvil de su bolsillo. Es justamente cuando comienza el audio de la película, con la sincronización que ha realizado Morán con la conversación grabada. Se escucha la voz de Jorge. — ¿Qué quieres ahora? — La estridente voz de esta rabiosa mujer, le contesta: —Lo vas a pagar y vas a morir entre espasmos de dolor. Ya me encargo yo de ti… —Es cuando Jorge pone a grabar su teléfono y se desploma. En ese momento, una difusa figura fantasmal de una mujer de apariencia diabólica, aparece en la escena, y comienza a escupir palabras de lengua oscura, en lo que por mis estudios de las lenguas muertas; me pareció: *"La jerga del Caos"*, esa, que utilizaban las brujas o meigas de la época medieval en sus artes de magia negra en las cuales invocaban al maligno. Se agachó sobre el cuerpo de Jorge y apoyó una de sus rodillas sobre su cabeza, mientras hundía sus largos y afilados dedos en el pecho a la altura del corazón, siguiendo lo que a mí me pareció un ritual del culto satánico, en el cual, farfullaba sonidos y onomatopeyas, que estas últimas yo no alcanzaba a identificar. Aparece como a dos metros un ominoso espectro de figura escuálida y rostro cadavérico; viste una especie de hábito que le cubre desde la cabeza a los pies. La impresión que me contó Jorge estos días atrás, es que este escalofriante y esperpéntico personaje; era en su opinión, el carcelero que lo habría de conducir ante "el juicio final de su vida" y en el caso que fuera condenado, llevarlo al Averno Expiatorio. El espectro de la bruja se aleja riendo y graznando como un animal…, desaparece poco a poco de aquellos fotogramas.

Jorge permanece inerte. La gente se agolpa alrededor gritando y pidiendo auxilio y es por ello que aparece la doctora Martínez que inmediatamente abrió la camisa de Jorge, tomó de su bolso un fonendo que aplicó sobre su tórax y durante varios segundos, parece que estuvo intentando encontrar señales de vida en su corazón. Negó con la cabeza, después aplicó una pequeña linterna sobre los ojos de aquel cuerpo, al parecer sin vida.

Se acercó un vigilante y la doctora le indicó que rápidamente trajese la unidad de desfibrilación de urgencias que como norma obligatoria tendría que haber en el centro, mientras tanto; aplicaba la reanimación con sus manos y boca. En la grabación se escuchó un grito, una sirena de ambulancia un raro traqueteo de circulación de un vehículo, mientras, la voz de la doctora Martínez alerta a alguien de la muerte de Jorge. Parece ser que todos estos sonidos, solo puede ser captado por el medidor electrónico de frecuencias, aparato que es usado para las psicofonías.

Ahora es una figura clara, transparente que va saliendo del cuerpo del inerte Jorge. Enseguida supe que era el difunto Javier, el gemelo de Jorge que estuvo junto a su hermano y la doctora, hasta que llegó el vigilante con el desfibrilador. Comenzó a suplicar por su hermano Jorge y hablaba en latín.
Nadie entre el público del local podía oírlo, lógicamente, pero cuando la gente observó cómo caían los artículos de las estanterías sin que nadie los tocara, huyeron despavoridas. Se apartó mientras la doctora hacia su trabajo , ayudado por el vigilante. Javier era quien se encargaba de hacer caer los artículos de las estanterías con furia incontenida. No sé qué fuerza y que soporte físico utilizó, para poder hacer que esto ocurriera.

La ardua labor de la doctora Rebeca Martínez con su diligente maniobra de reanimación RCP; hizo que el cuerpo de Jorge comenzase a mostrar señales de vida y se desintegró la imagen de la Muerte.

En este preciso momento, dejaron de caer los objetos y la figura de Javier se esfumó se supone que para siempre de la vida de su hermano.

Despertó Jorge, y lo primero que hizo fue cortar la comunicación del teléfono móvil, que diez minutos antes, había caído al suelo. A partir de ahí el psicólogo Doctor Morán nos hizo volver a la realidad… Cortó la película, puesto que se había quedado sin audio y el resto del video ya no tenía más importancia.

Se hizo un silencio, durante algunos minutos, Jorge, mantuvo la cabeza agachada, sus manos de vez en cuando se crispaban con fuerza, el doctor y yo le dejábamos espacio para cuando él quisiera reaccionar del shock que le produjo ver aquello y tratar de digerirlo. Para mí, fue la fehaciente prueba de que hay realidades en paralelo y de que existen "Entes" que, entre nosotros, que no se han ido. Por ejemplo, Javier era tan parecido a Jorge, que pudieran pertenecer a una misma fuerza , a una misma esencia que, aunque hubiera dejado de ser materia a los quince años, aún usaba el cuerpo de su hermano como vasija para poder quedarse, y fuese un espectador en este status terrenal . Me quedé con el video que montó Morán y le dije que nos íbamos que ya por hoy era mucho para Jorge, pero que yo volvería a su consulta para hablar más sobre el tema y recoger la factura.

Nos despedimos de él…

Me quedé pensando en los insanos deseos de su ex esposa; al desearle un fatídico desenlace e intentar incluso, usar la magia negra. Indudablemente para mí; no es más que fruto de una mente desequilibrada..., pero estos casos tienen más presencia de lo que creemos en nuestro entorno. Los actos de brujería según dice los esotéricos, hacen que la víctima sea envuelta en un bucle de negatividad, que incluso pueden causar enfermedades.

Con aquella llamada ella consiguió su objetivo. La ocasión de poder hacer daño, sabiendo el mal momento que estaba pasando su odiado ex marido; intentó y consiguió producir la tan fatídica reacción psicológica; que precipita (a su ex) a que su corazón entrase en el colapso absoluto. Fue aquella, la última gota en la que desencadena la procurada tragedia anunciada. Es curioso; que cuando hay odio de un humano hacia otro; se lleguen a desear lo peor hacia la persona odiada. Esos sentimientos negativos latentes que subyacen en lo más del ser malvado o del ser herido. Es la condición por defecto del género "racional". Está predispuesto a instalarse en las malas personas. Con esta malignidad, se precipitan hasta el maltrato psicológico, físico e incluso el asesinato con connotaciones "pasionales". La raza humana como sabemos es la que conspira, hasta con sus hermanos de sangre. Creo no equivocarme si pienso que nada le hubiera ocurrido a Jorge en ese momento, sin la llamada de su ex.

Aquello que me contó Jorge, de sus últimos atribulados años de desafortunado matrimonio. La causa fue: La patología mental de Ana. Lo que pude oír en la grabación de su teléfono coincidía con el desatino enfermizo de su ex. En el video que el Doctor Morán editó; se podía ver como aquella sombra espectral, retorcía entre sus manos el corazón de Jorge, aquel mismo, al que se supone que en el pasado amó. — ¿Cómo pudo tener ese comportamiento y volcar tanto odio sobre su ex marido, hasta tal punto de desearle la muerte, aun siendo el padre de sus hijas?

¿Se puede manipular técnicamente la imagen para hacernos parecer algo que realmente no es?

Me contó Jorge, que ella cayó en un síndrome psicológico con gran pérdida de autoestima desde que empezó a tener los efectos del climaterio. Sí, su cuerpo comenzaba a mostrarle las primeras huellas de la inexorable edad, (ya que era incluso mayor que Jorge). Aquello desencadenó en unos nocivos desequilibrios hormonales y trastornos conductuales. Tales fueron sus frustraciones, que empezó a buscar remedios en visitas a las denominadas brujas y a estafadores charlatanes, intentando recuperar en vano su ajada juventud. Por lo que he podido averiguar asistía a misas negras y a aprender el arte de la brujería. Por otro lado, visitó a afamados cirujanos estéticos; que en operaciones quirúrgicas le costó a la economía familiar; una verdadera fortuna. Intentó lógicamente en vano, ya que no devolvería a su cuerpo, la juventud perdida. Cambió su vestuario a ropas caras y atrevidas, e incluso en su delirio de hacerse apetecible; se insinuaba a los amigos de Jorge. Fue entonces cuando comenzó a frecuentar gimnasios y a insinuarse a todos los hombres…, se convirtió en una presa fácil de los que la usaban y después la despreciaban. Aquella pobre mujer llegó a ser un despojo como ser humano, digna de lástima ya que no supo encajar el revés del inexorable paso del tiempo. Digamos no supo envejecer dignamente y no supo aprovechar la sabiduría de la madurez y el encanto de los años.

Aun así, Jorge aguantó muchas vejaciones de su ex esposa; la quiso ayudar como persona, y lógicamente por ser la madre de sus preciosas hijas. Jorge también sufrió mucho por todo el trastorno y la vergüenza que le hizo pasar Ana. Cuando Jorge le reclamó el coche y se metió en la cárcel a Carlos, se supone que tantos fueron sus malos deseos, que derivó en aquel misterioso suceso. En mi mente, hay cierta duda ante lo esotérico, porque para mí, es ilógico; difícil de entender. No tengo la autoridad moral para culpar con solo aquellas grabaciones. Además, tengamos en cuenta el eximente de tener un diagnóstico y tratamiento psiquiátrico al que desde hace tiempo; estaba siendo sometida aquella pobre persona. Sí, digna de lástima porque era una víctima de una enfermedad mental. Ella misma cuando estuvimos en Fuente Fría, en la visita al Doctor Humanes, durante la comida, telefoneó a Jorge pidiendo perdón por aquella fatídica frase. Yo como viejo, he vivido muchas experiencias, y pienso que a veces el ser humano no sabe moldear, asumir, manejar, encajar alguna situación espontánea e inherente a la vida. Hay que evitar desequilibrarse y enfermar en el intento de capearla. Realmente nos vemos arrastrados por la malignidad de las enfermedades, nuestras o de los demás; sean físicas o mentales. Es el efecto colateral que mediatizan nuestras emociones y la sensación de disfrutar o sufrir nuestros momentos anímicos. Así son las cosas; por más que nos empeñemos, hay que intentar aguantar con entereza , elegancia y por qué no… resignación. Al nacer, cuando llega nuestro soplo de vida, venimos a este mundo a un despertar lleno de sensaciones hermosas y cómo no, otras amargas.

Mientras sintamos unas y otras; es que vivimos.

Después, Jorge y yo caminamos de vuelta a casa por el mismo paseo marítimo. Llegué cansado y preocupado por el sufrimiento de Jorge. Me dolía la cabeza, pero la brisa del mar sobre mi cara, mitigaba aquella desagradable sensación. El camino con Jorge no fue muy prolijo en palabras, supongo que iría pensando en aquella secuencia en la cual se veía muerto y aquel espectro que, para mí, representaba la presencia de su hermano Javier. Nos despedimos no sin que me repitiera la invitación que me hizo Rebeca sobre la paella del Domingo. Asentí con la cabeza y le abracé como lo haría con el hijo que nunca tuve; para darle a entender que no estaba solo en aquel tan extraño y surrealista trance. Noté que afloraron lágrimas a sus ojos. Aunque Jorge no es un hombre que demuestre sus sentimientos tan fácilmente. Esperé que pusiera en marcha su vehículo y lo despedí con un gesto de ánimo.

En el buzón de mi portal había varias cartas que saqué, sin mirar siquiera su remitente. Aquella escalera cada día era más pesada de subir, y como siempre me encontré temeroso de su estabilidad, con el crujir de aquella vieja madera gastada por el paso de los años. Llegué arriba creyendo que había conseguido una proeza; mientras recuperaba el aliento revisé las cartas hasta que llegué a una que me llamó la atención más que las demás. Tenía matasellos de Estados Unidos de América. Era de Víctor Humanes. Me pareció muy interesante, porque tenía la esperanza de que él, me hablase un poco más de aquella memorable visita a su casa en Fuente Fría, y aquel extraordinario episodio de milagrosa cura de Campeón.

Me quedo con el recuerdo de ver su cara de incredulidad cuando nos marchamos y la falta de reacción ante tremenda sorpresa.

Con temblor en mis manos, abrí el sobre tan torpemente que casi rajo el papel cuartilla que contenía.

Dallas a 10 de mayo de 2016

"Estimado, amigo Santiago:

Espero que te encuentres bien de salud.

Como puedes deducir me encuentro en EEUU; invitado por The University of Texas at Dallas para dar unas conferencias. Con mis colegas más escépticos; me estoy mordiendo la lengua para no gritar a la comunidad científica norteamericana; aquel extraordinario hecho; que pude presenciar aquel día, ante la demostración que hizo tu amigo Jorge con Campeón. Por cierto, me quise asegurar y comprendan mi curiosidad científica; en que aquella repentina y sorprendente reacción del animal haya sido realmente una curación. Llamé al veterinario, le expliqué y vino a visitar al perro y a repetir analítica.

Agárrate amigo y no te me caigas Santiago.

A Campeón le ha desaparecido su enfermedad.

El animal está viviendo dentro de casa y me acompaña junto a la chimenea y siempre anda detrás de Amelia que le quiere mucho…

He aprendido a tener a un amigo, más que a un perro guardián, y le puedes decir a Jorge que realmente me avergüenzo de haber tenido al animal en esas condiciones. Lo siento mucho. He comprendido, aunque bastante tarde que la compasión y el amor no está antes que la ciencia y que nos deshumanizamos en esta carrera hacia el pleno conocimiento científico. Realmente he buscado el conocimiento durante décadas de mi vida, sin prestar atención a los sentimientos.

Al final toda verdad inalcanzable se termina en conjeturas. Nadie está en poder de la verdad absoluta, por eso somos humanos y siempre viviremos en las dudas existenciales.

Amigo Santiago, me he perdido tantas sensaciones y he menospreciado tanto a lo inexplicable, que he recibido un impacto tan grande, que me está haciendo ver lo simple, lo cotidiano, de otra manera más romántica, aunque esa palabra antes no estaba en mi diccionario.

Doctor Don Santiago Martínez, traslada también a Jorge mi sentir, mis infinitas gracias y deciros que en Fuente Fría tenéis vuestra casa. En una semana me vuelvo; cuando os apetezca os esperamos Amelia, Campeón y yo, la visita de tan insignes amigos, la cual nos haría mucha ilusión.

Muchas gracias.

Atentamente. Víctor Humanes."

Esta proverbial carta me hace pensar en que nada está perdido, que la humanidad tiene que ver lo hermoso de la vida sin diseccionar y sumergirse a averiguar lo que guarda las entrañas del más puro e inalcanzable misterioso infinito. Lo hermoso es ver la sonrisa de un niño o quizá percibir el aroma del pan muevo en la mañana, el sol que tibiamente acaricia la piel, la brisa del mar que te hace respirar la paz, el color del cielo, el campo lleno de vegetación y de animales…

¿Por qué no le damos importancia a todo esto?

Suspiré profundamente y traté de relajar mi espalda y cuello. La tensión psicológica a veces me produce contracturas que, a su vez se manifiestan con dolor   y mareos. Bueno; el ser un octogenario también tiene mucho que ver. Desde la visita al psicólogo, no dejaba de pensar; en aquel video, donde aparece, la etérea figura de Javier llorando desesperado por su hermano; y eso me hacía pensar en mi esposa. Posiblemente exista la posibilidad que esté cerca de mí…

La Llama Azul de mi sueño y la sensación…, de cómo a veces siento la presencia de que alguien de amor; se sienta a mis pies mientras me dispongo a dormir.

Me encuentro cansado; pero esta noche he de seguir escribiendo; consultaré mis apuntes y la grabadora de bolsillo que he tenido prendida durante la consulta con el Doctor Morán.

Tomaré un analgésico con un poco de leche caliente y me echaré un ratillo sobre el sofá para hacer la siesta. Mi reloj hacía sonar sus campanadas de las cuatro de la tarde, mientras, la brisa del mar invadía mi salón colándose por la ventana. Me arropé con un edredón…Quedé dormido profundamente. De nuevo aquella preciosa llama azul, se me apareció con una luz que me producía una paz infinita, acompañada de una voz que en mi ensoñación me decía:

—Santiago de nuevo te vengo a mostrar la llama de la vida; estás en la oportunidad de que un ángel cure tu enfermedad, pero ni tan siquiera has hecho por salvarte. Te queda poco tiempo, menos del que puedes pensar, es hora que decidas lo que quieres hacer con tu vida, si disfrutarla o perderla. Hoy hemos recibido el alma de un adolescente muy cercano a tu entorno, un adolescente que apostó a embarcarse como marinero. Pereció ahogado en una fatídica y traicionera tormenta que lo arrojó por la borda. No pudo aprovechar la hermosa vida y dejó cosas por hacer y por disfrutar. El no quiso morir y tú no quieres vivir. No lograba entender aquellas últimas palabras, intenté leer entre líneas, pero en ese momento no lo consigo. —Te voy a contestar a eso por si eres la María que yo llevo queriendo por toda mi vida. Llevo demasiado tiempo viviendo sin ti y es hora de que me recoja en descanso eterno. Mi vida en estos tres últimos años ha sido de completa soledad y siento dolores en todo mi cuerpo. Me abandonan las fuerzas, esto me deja pocas ganas para defenderme y poder disfrutar de la vida. Terminaré mi último libro y ya veremos, de momento tengo que cumplir con mi compromiso. Un escalofrío me sacudió de pies a cabeza y me desperté muy agitado con un fuerte dolor en la zona abdominal. Mi cáncer de páncreas me estaba advirtiendo; de ahí supongo aquel sueño…

Me levanté, tomé un calmante, un protector gástrico y los acompañé de una infusión. Me quedé mirando por la ventana absorto y de vez en cuando unos dolores agudos me asaltaban; haciendo que mi cuerpo se curvara en respuesta al punzante malestar. Fueron algunas horas hasta que remitió el agudo dolor.

Esperé como cada noche y por costumbre a que sonaran las campanadas de las doce en mi antiguo reloj, e inmediatamente le di cuerda, y un poco más aliviado; me puse a escribir. Tenía que hacerlo, o no me daría tiempo a terminar el encargo de Jorge. Por un momento pensé en la curación de aquel perro, (Campeón); que tenía del doctor Humanes como guardián y la acción tan extraña que hizo que Jorge, no sé en qué manera, le devolviera la salud solo con tocar al animal. Dudo si quiero morir o que Jorge imponga sus manos sobre mi…Quién sabe si con esto desapareciera mi enfermedad, pues con las extrañas vivencias de estos últimos días, empiezo a creer, que los humanos no percibimos ni una décima parte de lo que existe en otros hipotéticos "planos o realidades,"

No hemos sido preparados, ni nuestros cerebros son capaces de comprender.

Cap. 35.º. Las campanas de la Iglesia.

En la noche del sábado; me acosté temprano después de haber ingerido un par de comprimidos; para ayudarme a dormir, estaba necesitado de descansar sin atender nada más que, recuperar las energías. Las campanas de la Parroquia de Pescadores tañían a muerto, lo cual no agradecí. Ahí me dormí con ese soniquete clavado en mis sentidos y tratando de desechar cualquier pensamiento que me asaltara. Descansé satisfactoriamente como hacía días que no ocurría y me levanté sobre las siete y algo de la mañana, preparé mi ropa decente de domingo y me recreé con el calor del agua de la ducha matutina. Me encontraba bastante bien y eso me asustaba pues me temo, que después viene una recaída más grave, pero espero aprovechar mi domingo con la visita a Jorge y Rebeca. Me vestí y me senté para poner al día toda la documentación del caso de Jorge para llevarlo junto con las películas por si querían estudiarlas. Mientras tomaba un café; llamaron a la puerta y se accionó la cerradura, es por eso que supe que era Herminia, (la señora que me atiende la casa), ayer llamé por teléfono a su pareja "el sepulturero" para que hiciera el favor de decirle a su mujer que me comprara unas flores. Mi intención es regalarlas a Rebeca, pues no me parece correcto ir de vacío, con la gentileza que han tenido al invitarme a comer. Dándome los buenos días gesticulando con su cara y manos Herminia colocó el ramo sobre la mesa. Empezó con el cuarto de baño, aprovechó para fregar alguna cosilla y recogió la ropa sucia que siempre llevaba y me traía limpia y planchada. Cuando se fue a ir, yo, ya le tenía preparado una suma de dinero generosa como para cubrir todo. Ella lo contó y trató de devolver parte del dinero comunicándome que era menos; me negué y le di mis más sinceras gracias por todo, me acomodó el cabello y cepilló los hombros de mi chaqueta y con sus gestos me preguntó que si necesitaba algo más y le dije que no.

La verdad es que esta mujer me trata como la hija que nunca tuve y a ella la pienso dejar lo poco que poseo, aunque no se lo haya dicho, uno de estos días la voy a pedir de ir al Notario a conceder testamento. No quiero que vengan mis sobrinos despúes a arramplar con todo, cuando ni me escriben o llaman ni me vienen a ver para nada, más que para sacarme los cuartos descaradamente.

Cogí mi sombrero, mi bastón y bajé la escalera con el ramo de flores y un sobre con mis escritos bajo el brazo, tenía la intención de desayunar en la taberna "El Pescador" y cuando fuera las once de la mañana tomaría un taxi para ir a la casa de Jorge. En la calle curiosamente había coros de personas reunidas y las campanas de la iglesia no paraban de llamar a misa de difuntos.

Entre en el bar-cafetería El Pescador, enseguida Romualdo me saludó y me preguntó : —¿qué desea tomar? (Le respondí a su pregunta con otra). —Don Romualdo, ¿Por qué tocan a muerto? (con una cara muy triste respondió): —Triste día este Don Santiago. Sí, Profesor, el crío que cada día venía aquí para buscar trabajo entre los pescadores…, en qué mala hora lo hizo. Ayer de madrugada cayó por la borda del Renato y a las dos horas pudieron rescatar el cuerpo. Su padre trágicamente también murió el año pasado en esta fecha tan luctuosa. El chaval ya había estado pescando otras veces, y el dinero que ganaba, era para su viuda madre y así poder ayudarla, ya que estaban sobreviviendo de la caridad. Acudía a la escuela nocturna. Ya no veremos más a Luisito molestando con insistencia a los patrones. ¡Pobrecito mío! Unos que no quieren vivir y esta criatura tan llena de fuerza; solo tenía la intención de ayudar a la madre.

—¡Ya ve usted Don Santiago! Ahora se da la misa y lo entierran. (hice memoria) —Ahora me acuerdo de él, precisamente el día que estuve aquí con Jorge que viajamos   a la sierra, estaba aquí entre los marineros, y yo que llegué a pensar que lo hacía por no ir a la escuela…

Solo tomé una infusión e inmediatamente, fui allá, después de aquellos tres años en que no había pisado templo, inconscientemente me   estaba reconciliando con el Dios de los católicos , aquel, que también había escogido su familia para darle su último adiós en cristiana sepultura.

El féretro del crío estaba cuidadosamente colocado delante del altar; rodeado de flores, me fui a un banco donde una mujer lloraba amargamente, me arrodillé con lágrimas en los ojos y recé unas oraciones con la devoción olvidada, despidiéndome de un chiquillo por el cual me cambiaría, y que tan solo había visto una vez. Aquel desdichado dio la vida por ayudar a su familia. levanté a duras penas porque mis rodillas ya no me responden, deposité las flores sobre su féretro y salí del templo muy emocionado.

En fin, ya en otra ocasión regalaría algo a Rebeca. Hoy es Domingo y está la floristería cerrada, y por supuesto agotado el género a tenor de lo que vi allí de gente despidiéndose de él. Recordé entonces el sueño en que "La Llama Azul" me ha avisado de esto, y ha anunciado que me queda poco y que no le tengo apego a la vida. Incluso teniendo la oportunidad de recurrir a Jorge; por si le queda algo de ese poder curativo.

Un escalofrío invadió mi cuerpo desde pies a cabeza, el estremecimiento duró algunos segundos en los cuales yo me daba cuenta que, con tantas pruebas, ya no podía dudar más. Pienso que al abandonar el cuerpo terrenal; el soplo de vida que recibimos al nacer; abandona el cadáver en forma de energía. Se lleva un equipaje de sensaciones y de acciones que hemos acumulado durante el tiempo de nuestra existencia, y todas ellas no tienen vuelta atrás. Somos lo que hemos acumulado y de ello deberíamos haber aprendido. Yo había necesitado creerlo y al final en un acto de fe, decidí que así era. Ya no le tengo miedo a la muerte porque entiendo que no existe tal como la creemos, solo hay un cambio de plano en otra dimensión, nuestra energía mental no desaparece. Solo tengo que desvincularme de todo lo terrenal y desear mucho encontrar "mi yo" y no caer esclavo de los seres que no encuentran su camino. Iré hacia mi luz desoyendo las voces de los que aquí queden y de los que allí anden perdidos y desesperados.

No es tan duro el morir, más cruel es vivir en desesperanza.

El taxista me avisó que habíamos llegado a nuestro destino. La experiencia de lo vivido en esta mañana me mantenía pensando sobre la heroicidad de aquel adolescente. ¡Pobre desdichado! ¡Pobre madre!...

Junto a la otra acera estaba Rocky, que saltaba y ladraba desde que me reconoció, pero no se atrevía a cruzar mientras que Jorge no le puso la correa. Es impresionante, que un animal aun habiéndome visto tan solo una vez, se acordara de mí. Jorge llegó junto a mí y me abrazó cómo se abraza a un padre, lo cual yo agradecí puesto que jamás por nadie fui tratado así, ahora pensaba que una persona podría entristecerse con mi partida. —¿Cómo estás Santiago? — Bien amigo Jorge… ¿Para qué nos vamos a quejar? (Rocky mientras, lamía mi mano, y Jorge le reprende por ello). — Déjalo Jorge, es mi amigo, ¡Ojalá pudiera tener un compañero como él…!

Cuando íbamos entrando en el edificio nos encontramos a un señor mayor al que Jorge saludó afablemente, lo llamó Don Genaro, fue entonces cuando recordé quien era. Estuvieron hablando del dolor en un hombro y que Jorge le había curado. Don Genaro se dirigió a mí y me hablaba de Jorge como si fuera un Dios. Rocky miraba al señor muy atentamente hasta que este hombre sacó una bolsa con golosinas para perros y se la puso en la boca. El perro sin esperarnos subió por la escalera como una exhalación. Todos nos reímos de la reacción del animal. Cuando se abrió el ascensor, ya estaba el perro adentro de la casa y Rebeca esperándonos con la puerta abierta. De aquel vivo hogar, emanaba un aroma a comida francamente sugerente. Rebeca me saludó cariñosamente mientras se hacía cargo del sobre, mi sombrero y el bastón. Me llevó tomando mi brazo hasta el salón dónde tenía preparado unos aperitivos y me hizo sentar en el sillón más cómodo.

Mientras Rocky aún con la bolsa entre sus colmillos saltaba alrededor de Rebeca, pretendiendo que se la abriera para sacar esas golosinas especiales para canes, que supongo que más de una vez le había preparado Genaro y su esposa; agradecidos supongo por la sanación que Jorge hizo sobre su hombro.

—Bueno Jorge Me gustaría saber cómo te encuentras a todos los niveles tanto de salud como emocional, una vez ya pasado este periodo de tiempo y esas visitas que hemos hecho al biólogo y al psicólogo. Aún nos queda cómo sabes; una última visita a un religioso y este si te animas la tenemos la semana que viene. Es un teólogo y filósofo, Fray Bernardino que fue alumno de *Romano Gurdini*. A Bernardino me lo ha aconsejado un ex compañero profesor de religión. Me contó prácticamente todo sobre él, ya te iré contando. Este fraile teólogo tiene muchos artículos sobre la transición hacia la vida eterna. Es escritor y doctor honoris causa por la universidad de Roma. Tiene un tratado, que tiene que ver con la ayuda para entender y aceptar las ventajas y los límites en las fases de nuestras vivencias, en la vida terrenal.

—Bien, Santiago te diré: Me encuentro más feliz que nunca, he encontrado una mujer que me ama y lo demuestra cada día y en cada detalle. Mis hijas están más unidas a mí y me vienen a visitar muy a menudo. Santiago están conmigo codo a codo guiándome y protegiéndome, estoy muy sano, porque en todas las pruebas médicas certifican que estoy genial. Mi ex ya no me molesta, mi trabajo va muy bien y sobre todo sé que mis emociones están bajo control. Desde las noticias de mi médico sobre mi precaria salud, hasta que caí en el supermercado por aquella EDM que sufrí. Todo ello; ha hecho que me aferrara a la idea de que se me ha dado otra oportunidad para disfrutar lo que me brinda la vida…, alejar mis miedos y cada día, mitigar hasta desechar esa carga emocional que me llevaba al vacío. — A veces me siento culpable porque muy egoístamente te llamé por teléfono aquella tarde, y te pasé a ti, el problema que un niño no puede barajar y lo pone en manos de su padre. No sabes Santiago cuánto os agradezco a todos cómo me habéis sacado del hundimiento en que me encontraba. Todo tiene más brillo, más sabor, más belleza. Sí, amigo soy muy feliz y me encantaría que tú también lo fueras. Puedo notar que estás enfermo y también sé que te resistes a ser ayudado. Nadie más lo sabe, excepto yo; no tienes más que pedir y lo que esté en mi mano lo tendrás sin cortapisa. La voz de Rebeca desde la cocina interrumpió aquella trascendental conversación.

—Señores vamos a pasar a la mesa que el arroz está en su punto. Ayudamos a poner mantel, platos, cubiertos y nos sentamos a comer, dejando aparcada la conversación que traíamos Jorge y yo, solo se habló de los ricos manjares que estábamos comiendo y de cosas triviales . Me sentía muy en familia con ellos, todo era poco para ofrecerme. Rebeca se esforzaba en que yo me sintiera uno más. Es curioso que tres personas de diferentes orígenes y núcleos familiares se unieran tanto, sintieran la necesidad de crear una armonía. Ya bastantes son los sinsabores y desagravios que tenemos que afrontar en la vida cotidiana. El ser humano, a veces necesita imperiosamente vivir un ambiente de armonía, sentirse integrado, querido y respetado. Es un momento mágico para mí. Saboreamos la comida y aquel momento cordial de perfecto equilibrio.

Rocky permanecía sentado junto a Rebeca esperando a que termináramos de comer para recibir su ración de paella, nos seguía con la vista cada vez que algo decíamos. Pasamos a la mesa pequeña y ya sentados y con un café le pregunté a Rebeca si ella quería ver el video y me contestó amablemente que no, sino era por algo necesario para Jorge. — Santiago; sentí escalofríos con aquello que ya me había contado Jorge e incluso lo de los sonidos de ambulancias, y la conversación que tuve con su ex que realmente de eso nada pasó. Por eso, prefiero seguir tranquila y que no me asalten esos pensamientos a cada instante. Recuerdo que mi abuela según me decían , hablaba con los muertos y eso me marcó en mí adolescencia. Aunque cuando empecé medicina dejé de darle tanta importancia.

Les estuve leyendo algunos capítulos del libro y decían estar encantados de cómo iba. Rebeca dijo que será un *Best Sellers* de ventas. Jorge quedó emocionado con aquello y decía que cada línea, era cómo algo que él necesitaba expresar, y que nunca podría haber elegido una persona más afín a sus pensamientos. Le hacía sentir más liberado en cada frase y la angustia le dejaba en paz. Es necesario hacerlo saber, pienso que cumplo con un deber de advertir que es lo que hay después de…

El perdón y una nueva oportunidad se me concedió, no sólo para que viviera, también, para que los demás, no quedaran indiferente ante aquella nueva revelación y se replanteen su comportamiento en la vida. Invito desde mi experiencia, a tantas otras personas que hayan pasado por similar trance; a que se animen a publicarlo, o por lo menos, explicar lo que sintieron en esa transición del crucial óbito y la resurrección a este plano terrenal. Espero se sumen muchos para que los humanos, estemos preparados para afrontar esa, llamémosle transición, como algo menos temido.

—Esa también es mi intención Jorge… Bueno; te muestro la carta del Doctor Humanes, léela con detenimiento que no tiene desperdicio. Has logrado cambiar tus arraigadas convicciones en la creencia casi absoluta de la ciencia; sobre todo de la existencia *sui géneris*. Has conseguido modificar su comportamiento, ante los más románticos sentimientos que se le presentan en su nueva visión de la vida. —Dos "milagros" en uno: La salvación del perro con esa acción inexplicable; y el cambio de Víctor Humanes en su visión cómo ser humano.   —Léelo tú mismo y comprenderás lo que digo. Si piensas profundamente en ello, te darás cuenta que la existencia terrenal está llena de dudas existenciales, y que el hombre aprende de lo que se le presenta con cada vivencia. El sujeto reflexiona o se enroca inexpugnablemente.   Yo lo llamaría "Principio y Código por el que se rige la existencia". Pero amigo, a veces el azar nos trae fenómenos; episodios; ocasiones en las cuales, se nos tambalean los cimientos de nuestras genuinas creencias. Esto, nos puede abocar hacía un nuevo replanteo en los esquemas de nuestro comportamiento. Además de que, ante esas nuevas expectativas de un tránsito hacia un después esperanzador destino de nuestra mente. —Quizás esto, nos ayude a vencer el miedo ante la absurda e inexistente muerte absoluta. Imagínate Jorge que podemos conducirnos éticamente sabiendo que, al final existe esperanza y que tus acertados patrones de conducta te dan la seguridad, para ser merecedor de formar parte de lo que queda por siempre. ¿No lo crees extraordinario Jorge?

—Indiscutiblemente profesor, me parece que no solo yo he aprendido. Lo   digo solemnemente desde   la   humildad   y la admiración que siento por usted y me alegro que también sea bueno para mí gran profesor. Sí Santiago, la experiencia me llegó en un momento de la vida en el cual mi salud andaba de puntillas, muy al borde del abismo y a partir de lo que vi y sentí me ha enseñada la gran fórmula. El amor y el respeto a los demás te colma de salud emocional.

Fue una tarde muy agradable, me despedí de Rebeca dándole las gracias por tan deliciosa comida y por su amabilidad. Muy decidida, ordenó que yo estuviera dispuesto a más sobremesas como esta, porque se repetirían más a menudo en los días en la que ella no tuviera guardia en el hospital. Al salir me entregó una bandeja envuelta en papel de plata con unos dulces que ella misma había elaborado. Le di mis sinceras gracias y ella me dio un gran abrazo.

Jorge me trajo a casa en el vehículo en el cual había tenido su accidente, que ya estaba reparado y pintado a cargo de su fábrica. Me comentó también que su ex mujer ya le había devuelto su otro coche. Jorge muy amablemente me lo ofreció a mí, para que hiciera uso, sin compromiso, el tiempo que quisiera. Le agradecí el gesto y le expliqué que yo hace algunos años, había dejado pasar la fecha renovación de mi carné y que tampoco me sentía con ganas de conducir.

En la puerta de mi casa, antes de despedirme de Jorge, le ofrecí un juego de llaves diciéndole que por si acaso yo las perdía en alguna ocasión, se las podría pedir a él. Sonrió con tristeza, en su gesto adiviné que ya sabía porque se las daba. Hubo un silencio entendido y un fraternal abrazo. Mientras subía las escaleras pensé que, de todas formas, se lo tengo que advertir a Herminia que en el caso que yo faltara, le dejaría marcado el cajón con el material para Jorge González, y así no tendría problemas con perder los escritos de su novela, y más conociendo a mis sobrinos que acudirían como hienas sobre cualquier cosa de interés. Tengo que ir a Notario sin falta y dejar el testamento firmado.

Estuve escribiendo por la noche en la novela y me encargaba de picotear los dulces que me había preparado Rebeca. Dormí bastante bien, y tuve un sueño muy hermoso con María, en el que felizmente después de estos tres años de su adiós; pude ver su cara de nuevo. Estaba llena de una paz infinita y curiosamente con una resplandeciente juventud de aquellos dichosos años tan apasionadamente juntos. Ella siempre me llenó el alma con su amor y me hizo siempre muy feliz. Con una tierna sonrisa, me miró y me pude ver reflejado en sus hermosos ojos, llorando le supliqué que no me dejara solo. Me desperté sobrecogido pero emocionado y feliz porque nuevamente había contemplado su dulce y armoniosa cara.

En la mañana del lunes tomé el teléfono y llamé a Mario el sepulturero, tenía que arreglar cuanto antes lo del testamento ya que hace días que vengo barruntando que se me acaba el tiempo de estar aquí en esta Tierra.

—Buenos días Mario. Soy Santiago, me gustaría pedirle un favor y es que intentaras de poder venir el martes con Herminia, a acompañarme a un asunto que quiero arreglar. Sí, sobre las 11:00. ¿Le parece buena hora? —Don Santiago sin problema, pero Herminia está aquí y me va a preguntar seguro, ¿qué si le ocurre a usted algo? —Sí, estoy bien Mario. Gracias, dile que no se preocupe en absoluto, todo está bien. Solo que tengo necesidad de que me acompañen. Otra cuestión, necesito saber el nombre del crío, al que usted ayer le dio cristiana sepultura y también el nombre de su madre. Por favor es que me asalta la curiosidad por algún tema que ya le explicaré... Gracias Mario y hasta el martes. Este hombre aprovechó el momento para contarme cómo fueron los comienzos de Herminia y de él… Algo peculiares y que tienen que ver un poco con el azar de la vida. Como no tengo costumbre me pongo a escribir de mañana, pero quiero ir terminando la novela de Jorge y así dejar mis cosas preparadas. Después de un par de horas y algunas páginas dejo mi pluma sobre el buró. Entra cálidamente el sol por la ventana y la brisa del mar llena el salón. Desde mi planta puedo ver en la calle algunos niños correteando y gritando

— ¡Qué ganas y como les rebosa la salud!

La primavera se está asomando es la época dónde la sangre se altera y muchos mayores curiosamente se despiden.

Me puse a leer y a recordar a filósofos:

Descarte; este había considerado tres fenómenos o llamémosle Sustancias: El pensamiento, la extensión y Dios. Pero el célebre filósofo *Baruch Spinoza*, postula una sola substancia y en las opiniones de los grandes pensadores surge la pregunta; ¿Cómo es posible que exista la libertad humana si todo está sometido a una inexorable regulación permanente? *Spinoza*, acaba afirmando un determinismo riguroso, aunque deja el resquicio de una definición alentadora y paradójica libertad. La libertad humana aparece cuando el ser humano acepta que todo está determinado; la libertad no depende de la voluntad sino del entendimiento, el hombre se libera por medio del conocimiento intelectual. Para *Spinoza* la "substancia " es la realidad, que a causa de sí misma y a la vez de todas las cosas; existe por sí misma y es productora de toda realidad. Por tanto, la naturaleza es equivalente a Dios. Dios, el mundo y su producción, son entonces lo mismo. Todos los objetos físicos son los "modos" de Dios contenidos en el atributo "extensión". Y del mismo modo todas las ideas son también "modos" contenidos en el atributo "pensamiento". Los modos son la naturaleza recibida de Dios, que es, la naturaleza creada, solo que la naturaleza de Dios es infinita. Las recibidas al hombre, los animales, las plantas y demás son naturaleza finita y es por ello que hace falta la existencia infinita y eterna de la naturaleza de Dios, que otorga la oportunidad de existir a los seres vivos.

La filosofía *Spinoza* declara no creer en la existencia de un dualismo cuerpo y alma, para   Spinoza el hombre es cuerpo y mente, y todo ello en conjunto parte de una sustancia universal con infinitos modos y atributos.

Spinoza escribió como una carta de Dios a nosotros para hacernos entender su teoría;

"Deja ya de estar rezando y dándote golpes en el pecho. Lo que quiero que hagas es que salgas al mundo a disfrutar de tu vida, quiero que goces que cantes , que te diviertas con todo lo que he hecho para ti, deja ya de ir a esos templos lúgubres, oscuros y fríos que tú mismo construiste y que dices que son mi casa. ¿Mi casa? mi casa está en las montañas, los bosques, los ríos, los lagos, las playas. Ahí es donde vivo y ahí expreso mi amor por ti. Deja ya de culparme de tu vida miserable, yo nunca te dije que había nada mal en ti o que eras un pecador o que tu sexualidad fuera algo malo, el sexo es un regalo que te he dado y es, con el que puedes expresar tu amor, tu éxtasis y tu alegría, así que no me culpes a mí por todo lo que te han hecho creer, deja ya de estar leyendo supuestas escrituras sagradas que nada tienen que ver conmigo.

Si no puedes leerme en un amanecer, en un paisaje, en la mirada de tus amigos, en los ojos de los niños no me encontrarás en ningún libro, confía en mí y deja de pedirme. ¿Me vas a decir a mí como hacer mi trabajo?

Deja de tenerme tanto miedo, yo no te juzgo ni te critico ni me enojo ni me molesta ni castigo. Yo soy puro amor, deja de pedirme perdón, no hay nada que perdonar, si yo te hice, te llené de pasiones, de limitaciones, de placeres, sentimientos, necesidades, de incoherencias, te hice con libre albedrío... ¿Cómo puedo culparte si haces algo que yo puse en ti? ¿Cómo puedo castigarte por ser como eres si yo fui el que te hice? ¿Crees que yo podría crear un lugar para quemar a todos mis hijos, que se porten mal por el resto de la eternidad? ¿Qué clase de Dios puede hacer eso? Olvídate de cualquier tipo de mandamientos, de cualquier tipo de leyes, esas artimañas para manipularte, para controlarte que sólo crean culpa en ti. Respeta a tus semejantes y no hagas lo que no quieras para ti; lo único que te pido: es que pongas atención en tu vida, que tu estado de alerta sea tu guía. Esta vida no es una prueba ni un escalón, ni un paso en el camino, ni un ensayo, ni un preludio hacia el paraíso. Esta vida es lo único que hay aquí y ahora, y lo único que necesitas. Te he hecho absolutamente libre; no hay premios, ni castigos, ni pecados, ni virtudes. Nadie contabiliza tus hechos, nada queda grabado como prueba. Eres absolutamente libre de crear en tu vida, un cielo o un infierno. No te puedo decir que hay algo después de esta vida, pero te puedo dar un consejo, "Vive como si no lo hubiera, como si esta fuera tu única oportunidad de disfrutar, de amar, de existir, así si no hay nada pues habrás disfrutado de la oportunidad que te di y si lo hay ten por seguro que no te voy a preguntar si te portaste bien o mal, te voy a preguntar: ¿Te gustó, te divertiste, ¿qué fue lo que más disfrutaste? ¿qué aprendiste? Deja de creer en mí, creer es suponer, adivinar o imaginar, yo no quiero que creas en mí. Quiero que me sientas en ti, cuando besas a tu amada, cuando arropas a tus hijos, cuando acaricias a tu perro o cuanto te bañas en el mar...

Deja de alabarme. ¿Qué clase de Dios ególatra crees que soy? Me aburre que me alaben, me hastía que me agradezcan. Te sientes agradecido, demuéstralo cuidando de ti, de tu salud, de tus relaciones con los demás. ¿Te sientes observado y tienes miedo? Expresa alegría, esa es la forma de alabarme, deja de complicarte y de repetir lo que te han inculcado y enseñado acerca de mí. Lo único seguro es que estás aquí, que estás vivo que este mundo está lleno de maravillas.

¿Para qué necesitas más milagros? No me busques afuera, no me encontrarás, búscame dentro; ahí estoy, latiendo en ti.

—Buenos días Don Santiago, aquí estamos dispuestos a acompañarle a donde le haga falta. Herminia está preocupada con esta cita, no sabe de qué se trata y comprenderá que a nosotros nos inquieta un poco. —Mario y Herminia en unos minutos lo sabrán, es que quiero hacer unas gestiones y tendrían que estar ustedes. No se preocupen por nada. ¿Trajo los datos que le pedí de lo de Luisito y su madre?...

Herminia es una mujer bajita y de mediano volumen, iba vestida con ropa muy humilde y supongo es la que utiliza para los días de fiesta, esta mujer debe rondar los casi 50 años y su cabellera a media melena está casi plagada de canas. Mario es más enjuto y más alto con unas rudas manos y debe rondar la edad por encima de los 55 años, también iba vestido humildemente bien afeitado y oliendo a colonia antigua. Me contaron en una ocasión que hace muchos años, Mario desembarcó de un banco mercante no se sabe de qué procedencia. Trabajó en el Ayuntamiento en parques y jardines; pero después; debido a sus conocimientos de albañilería; consiguió entrar de enterrador sustituyendo a su predecesor. A los años; se quedó fijo de mantenimiento y guardería, con todas las tareas que conlleva ese desagradable oficio, pero supongo que todo será cuestión de acostumbrarse, el caso es que aparte de su sueldo también pone lápidas para un marmolista. Mario no tiene que pagar vivienda pues el cementerio tiene la que se construyó para el guarda.

Herminia nacida sorda de nacimiento; fue abandonada en la puerta del convento de la Caridad. Las monjas la llevaron al orfanato y allí creció y de vez en cuando era visitada por una de las monjas más jóvenes, que ejercía de tutora de la niña, y se preocupaba por ella. A la edad de 21 años, después de haber tomado los hábitos de monja y durante muchas décadas, estuvo trabajando en el de la Caridad cuidando enfermos. Es allí cuando conoció a Mario mientras que él preparaba el jardín del hospital. Se enamoraron, y ella decidió colgar los hábitos y se fue a vivir con Mario. No tenía nada más que sus manos y la humilde y pasada de moda ropa, que le compraba él. Estando con Mario, se dedicó a investigar y buscar a sus padres biológicos. Para su inmensa pena, jamás los encontró y supongo que ya habrán fallecido. La infancia y adolescencia de esta mujer no fue buena.

Caminamos un buen rato hasta llegar a un lujoso edificio y subimos a la 1ª planta, dónde Roberto García tiene su Notaría. Don Roberto nos dio la mano e hizo un jocoso comentario de la dura y áspera mano de Mario. Después procedió a leer unos folios que tenía preparado de los cuales daba fe como Notario de cada una de las cláusulas que en el testamento se hallaban. Dejé a Herminia la propiedad de mi casa, con todo mobiliario. En otra concesión, dejé a la madre del niño Luis una buena suma para que la ayudara en su precaria economía; y también el pago y colocación de una lápida para su hijo. A Mario le propuse una cantidad en un cheque junto con un plano de un arquitecto; sujeto a supervisión para que se pudiera remodelar el panteón donde descansa mi mujer. Cuando yo muriera, allí habrían de ir a descansar mis huesos. Pedí a Mario que esa obra se tiene que empezar de inmediato. Mario de buen grado aceptó la generosa suma, ya que era bastante más, de lo que aquello realmente pudiera costar. A Jorge González le dejé mi biblioteca que tanto admiraba, un reloj de oro, mi colección de plumas y todas mis obras firmadas. Pedí unas copias de mi testamento para repartirlos entre ellos. Al fin Herminia tendría suerte en la vida y por fin encontró el padre que no había tenido y buscado durante muchos años. Incluso solicité mediante un despacho de abogados para cambiar los apellidos de inclusera que tenía Herminia, por los apellidos míos.

Cuando ella empezó a comprender todo lo que había mejorado su vida; lloraba de emoción; como nunca a una persona vi hacerlo. Me abrazaba con la ternura que una hija tiene para su buen padre. Desde entonces Herminia fue atendida cómo jamás habían hecho con esta pobre mujer. La llevé a un famoso otorrino que le puso unos implantes que mitigó bastante su sordera. Le di una cantidad de dinero para que se comprara ropa. Le cambió ese rostro siempre tristón. Me trataba y se preocupaba por mí, como si fuera de su sangre. Una tarde de sábado, apareció en casa con Mario, éste se quedó conmigo en el salón mientras ella preparaba chocolate, hablamos de cómo iba la obra y me mostró fotografías de las diferentes etapas de la reconstrucción del panteón, pues sabía que cuando yo iba, lo pasaba mal. Ella salió de la cocina y tocó las palmas para llamar nuestra atención. Apareció con una bandeja con tres tazas de rico chocolate caliente, lo puso sobre la mesa e hizo un ademán para que esperemos, y fue de nuevo a la cocina y al salir de ella, traía en sus manos, una tarta con dos números mágicos, el ocho y el cero. Me quedé de piedra y unas lágrimas surcaron mi rostro, embargado por la sorpresa y la emoción olvidada en un baúl de recuerdos. Me hizo soplar las velas y me entregó una caja muy bien envuelta adornada con un lazo azul, en la que estaba mi regalo. Tembloroso y francamente emocionado ante aquello que jamás me esperaría, abrí y saqué la nota que decía: "Para mi papá, Feliz cumpleaños. Te quiero." Un primaveral y precioso sombrero; que me coloqué con el rito del mejor modelo, mientras que a ella se le notaba radiante de alegría como una niña, la abracé, besé su frente y le di emocionado, mis más sinceras gracias. Mario también sacó su regalo con una nota que ponía Feliz cumpleaños Don Santiago. Era una cachimba preciosa y una bolsa de picadura de tabaco holandés. Herminia entusiasmada, tocaba las palmas mientras yo le daba las gracias y un abrazo a Mario. (Supuse que la fecha la sabían, puesto que en el notario las puso en el testamento.)

A partir de ahí, ya venía todos los días me hacía la comida del día y me dejaba todo preparado. Siempre que se iba me daba un beso y me hacía entender que para cualquier problema que tuviera, los llamara por teléfono sin importar la hora. Yo sabía de otras veces que siempre lo comentaba. Una mañana recibí una llamada de Mario para preguntarme: si le daba permiso a Herminia para poder traer a casa a Francisca (la madre del fallecido Luisito) ya que esta señora quería agradecerme personalmente lo que yo hice. Le contesté, que por supuesto. Pero que no me tenía que agradecer nada, puesto que eso era algo, por mí mismo…Así quedó mi respuesta a mi hija. Preparé un café y mientras pensaba, que yo no era un hombre derrochador y que a través de los años había acumulado una substancial suma. Lógicamente no me la iba a llevar a la tumba; ¿qué mejor propósito la de hacer uso de alguna cantidad para hacer más llevadera la vida de las personas que estimo? Sobre todo, la de Herminia que, aunque se separara de Mario, no pasaría escasez.

Llegaron a casa Herminia y Francisca y esta señora muy emocionada me trataba de besar las manos, acción que yo trataba inútilmente de evitar, hasta le tuve que ayudar a levantar porque se arrodilló. Herminia lloraba porque la emoción la embargaba. A Francisca le dije que, aunque no conocía a Luisito, le debía mucho por ver que fue un crio con madera de hombre, que luchaba por su madre. La hice saber que Luis dio una soberana lección y que a mí personalmente me hizo recuperar la confianza en los valores del ser humano. También le dije que yo sabía que el crío estaba bien al lado de su padre y que mi mujer en un sueño me anunció su recibimiento. Le conté lo de la llama azul y con ello me arriesgué a que no me creyese, pero quedó convencida y aliviada de que así era. Cuando ya se iba, me dijo que no sabía cómo agradecer todo… Yo no le di importancia a lo poco que hice por ella y la memoria de su difunto hijo. De alguna manera, este mi humilde gesto mitigaba el cargo de conciencia, que tuve al pensar que el adolescente se quería embarcar porque no quería estudiar. Todos nos podemos equivocar, lo sabio, es rectificar a tiempo.

Ha llegado el momento, en el que tenemos que hacer nuestra última visita. Nos dirigimos al monasterio más antiguo de este país. El Robledal, data del año 1134, mandada su construcción a la Orden Cisterciense por el rey de Pamplona García Ramírez. Sus posesiones iniciales fueron ampliadas gracias a generosas donaciones reales durante los años 1150 al 1164; sobre todo por el rey Sancho el Sabio.

Ahí nos vamos a encontrar al fraile Bernardino, un teólogo, que estudió en Roma y se ordenó sacerdote; habla siete idiomas y es un estudioso de los libros sagrados de todas las religiones. Un sabio, que ya aguanta más de 80 años sobre su osamenta; recluido desde hace más de 22 años, después de haber recorrido gran parte del mundo, haciendo las misiones.

En 1994 fue la última; en Ruanda, en la provincia de *Nyamala* en una de las matanzas genocidas, recibió un machetazo al tratar de salvar la vida de un niño tutsi por parte de un genocida de la etnia hutu. La grave herida le produjo gangrena por causa del cual se le tuvo que amputar parte del brazo izquierdo. Gracias a un médico del contingente militar francés, que a buen seguro lo salvó de una muerte segura.

Cuando estuvo fuera de peligro de infecciones, le repatriaron a España. Bernardino se recluyó en el convento con sus libros, esos que había conseguido durante toda su vida y que desde siempre eran enviados al monasterio , cuando él estaba fuera. Eran cientos de obras y pergaminos en varios idiomas y de muchas otras religiones también. Logró crear una gran biblioteca, que usan muchos prelados de la iglesia para sus retiros espirituales y aprovechan a su vez a ser instruidos por Bernardino. Este fraile; en estos últimos años, como tradición entre los lugareños siempre ha sido requerida su presencia para dar la extremaunción, y acompañar, los últimos momentos de vida de los enfermos del Hospital de la Caridad; y de las personas que creen en su estrecha relación con el Dios de los cristianos. Los creyentes sostienen; que morirse cogido de su mano; es como tener abiertas las puertas del paraíso. El caso se ha vuelto una leyenda entre los creyentes y no importa que sean católicos o no, para que Fray Bernardino acompañe a cualquier persona en su lecho de muerte.

Ya va haciendo calor, por esta época del año. Llegamos al monasterio a las cuatro de la tarde. Nos inunda una sensación de paz y frescor debido a los jardines mimados por los monjes de este antiguo monasterio. Nos acompaña un fraile muy amable; que nos conduce por un camino abovedado de árboles; y mientras tanto va preguntándonos por la vida en el exterior, se ve, que la estadía monacal no les permite estar al tanto de las noticias de la mundanal civilización.

A la sombra de una frondosa y aromática higuera, se encuentra el sabio Bernardino, mascullando palabras imperceptibles y en su única mano, sostiene un rosario. Está orando sentado sobre un banco de piedra que debe tener más años que él y yo juntos. Mientras, mira ensimismado el agua cristalina que discurre por el pequeño arroyo del lugar . Un guirigay de cantos de pajarillos traviesos; que vienen y van; en lo que parece ser juegos entre ellos, y curiosamente no extrañan la presencia de Bernardino pues están muy cerca de él, no sé si molestando o no, en sus momentos de oración. Aquel lugar tan natural, me pareció idílico…

Le habló a Bernardino el fraile que nos acompañaba. — Hermano Bernardino, aquí acompaño a los hermanos que estaba usted esperando. —Buenas tardes nos de Dios y sean bienvenidos a visitar este humilde siervo del señor. Espero que hayan tenido un viaje sin problemas. — Sí, fray Bernardino todo ha ido bien, muchas gracias. Cómo puede suponer soy Santiago y él es Jorge, mí antiguo alumno de latín, del cual le escribí comentando la experiencia que tuvo. (Bernardino hizo ademán de levantarse apoyándose en una vara que le servía de bastón, su brazo izquierdo le faltaba y sus años, acrecentaban su torpeza). Se puede adivinar que ha sido un hombre muy activo y luchador, pero las mil calamidades y quizás enfermedades tropicales, que habrá tenido que sufrir en esos países del tercer mundo; le han pasado factura a su cuerpo enjuto, encorvado, de piel cuarteada por marcadas arrugas. Su mirada llena de bondad, emana paz y tranquilidad del digno hijo de Dios, que no ceja nunca en el empeño de cumplir con la labor misionera, y del auxilio incondicional hacia los más desfavorecidos. Su única mano está sujetando su vara de apoyo, tiene deformidades en las articulaciones, debido a una galopante artrosis; marcados huesos , recubiertos por una piel plagada de manchas. Es un hombre de mi edad, pero se le ve más incapacitado.

Jorge exclamó: — Por favor no se levante, le acompañaremos aquí, no quisiéramos alterar sus costumbres, además este lugar es ideal. Es un edén. — Bien hijo, leí la carta que me hizo llegar Santiago, le digo que estoy al corriente de todo lo que usted sintió en esos más de diez minutos que estuvo sin actividad cardiaca y respiratoria. Pero, he descartado que   fuera un caso de catalepsia. — A lo cual ávido de conocer, preguntó Jorge: ¿Catalepsia, es un fenómeno parecido a   la muerte Padre? —Si hijo, es un fenómeno que   he   podido ver; sobre   todo en los castigados países subdesarrollados. En estas tierras de Dios, para aún más desgracia de los nativos, generalmente en estos recónditos lugares no existen instalaciones sanitarias suficientemente preparadas, y pocos son los médicos y sus conocimientos más bien escasos. Este tipo de síndrome, es difícil de diagnosticar y tratar. Este mal   puede estar provocado por una enfermedad normalmente acompañada de unas fiebres muy altas, y se manifiesta con una parálisis muscular, con una severa alteración del   sistema nervioso central e incluso con imperceptible ritmo cardiaco y respiratorio, cursando rigidez cadavérica , lividez…e incluso la persona que sufre ese síndrome casual, no se puede mover, ni hablar, pero si escucha y puede ver. —Hasta por   no   tener aparatos   electrocardiogramas   y encefalogramas, los dan por muertos y los entierran o queman, por miedo a que produzcan epidemias de meningitis, paludismo, cólera, fiebre amarilla u otras tantas que se puedan convertir en pandemias. En estos países casi siempre de clima tropical, es caldo de cultivo de inmensa cantidad de peligrosas infecciones, ya que el calor y los estancamientos de agua hace que proliferen todo tipo de bacterias e insectos transmisores. — También con este síndrome de   la   catalepsia, al haber una   ralentización extrema   de la respiración hace que el cerebro entre en *hipoxia* y que pueden quedar secuelas por pérdidas neuronales. Por eso, Jorge, le digo que un cerebro no puede estar 10 minutos con absoluta falta de oxígeno ya que habría muerte cerebral, supongo que eso se lo habrá explicado el biólogo Doctor Humanes que me refirió don

Santiago. —Aunque existe la posibilidad que contigo se haya obrado un milagro. Pero para ello hay ciertas bendiciones que se dan en personas que hayan regresado del más allá, después de haber pasado un juicio de transición. Las bendiciones son que su organismo recupere la salud y un poder caduco de poder sanar enfermedades a otras personas. — (Ante aquellas últimas palabras, un escalofrío recorrió mi cuerpo). Quedamos sorprendidos, (circunstancia que Bernardino advirtió en nosotros) y sin interrumpirlo, guardamos silencio con la avidez de escucharlo más y más. —Ustedes se preguntarán, por qué este humilde fraile les habla de medicina.

En mi larga vida he visto muchas cosas, hasta incluso me he tenido que ver ejerciendo de "médico", y hasta el extremo de practicar exorcismos a modo de placebo, para hacer creer a familias de los enfermos; que he expulsado el demonio del cuerpo, y así conformarlos y tranquilizarlos. ¡Imagínense! He estado muy solo en aldeas perdidas de la selva, practicando curas y poniendo vacunas. Eso…, o que los pobres enfermos se pusieran en manos de curanderos que los hacían morir entre rituales del demonio. Es por ello que estoy muy cercano a la muerte, porque entre otras cosas la he conocido en mí, y he sentido una experiencia bien parecida a la suya. Lo que quiero aclarar con toda esta explicación, es que quiero descartar cualquier síndrome que no sea, el dejar este mundo en la forma que Dios permite, liberándonos del caduco o enfermo recipiente corporal, y que, con nuestra alma, formar parte de un "todo" en la esencia divina.

—Aquí venimos a aprender y llevarnos una maleta de conocimientos, sentimientos buenos y malos y a formar parte de la sabiduría eterna. El descanso, la paz y a esperar la resurrección en otro mundo creado de tu voluntad y tus anhelos. Tú fuiste y creaste tu mundo idílico al que vas a volver después de que transcurra el momento del fin de los tiempos y el nacimiento de una nueva era, creada por la mano de Dios.

—Escuche esto Jorge: Y en la mano derecha de Dios sentado sobre su trono, un rollo escrito cerrado con Siete sellos. Un ángel proclamaba con voz potente "¿Quién es digno de quitar los sellos y abrir el rollo?". Pero ni en el cielo ni sobre la tierra ni debajo de la tierra había siquiera uno que pudiera abrir el rollo o mirar en él. Y esto me entristeció, hasta que llegó el que había de llegar para poder abrir el pergamino. Y vi un caballo blanco en el que iba sentado sobre él, tenía un arco le fue dada una corona; salió venciendo completando su victoria sobre los impíos. —Abrió el segundo sello, y salió otro caballo de color de fuego; y al que iba sentado sobre él se le concedió quitar de la tierra la paz, para que se degollaran unos a otros; y le fue dada una gran espada. —Y cuando abrió el tercer sello, vi un caballo negro; y el que iba sentado sobre él, tenía en su mano una balanza. —Y cuando abrió el cuarto sello, vi un caballo pálido; y el que iba sentado sobre él, tenía el nombre Muerte, y se les dio autoridad sobre la cuarta parte de la tierra, para matar pasados a acero y a escasez de alimentos y mortíferas epidemias, y plagas de insectos y alimañas. —Y cuando abrió el quinto sello, vi los que habían sido degollados a causa de la palabra de Dios y clamaban con voz fuerte, ¿Hasta cuándo, Señor Soberano?

—Y vi cuando abrió el sexto sello, y se produjo un devastador terremoto; la luna entera se tornó del color de la sangre, cayeron a la tierra meteoritos cometas y toda tierra fueron removidas de su sitio. Y los reyes de la tierra y los de primer rango y los comandantes militares y los ricos y los fuertes y toda persona libre se escondieron en las cuevas.

—Y cuando él abrió el séptimo sello, en el cielo ocurrió un silencio como por media hora. Y vi a los siete ángeles que están de pie delante de Dios, y les fueron dadas siete trompetas. Y los siete ángeles con las siete trompetas se prepararon para tocarlas y anunciar el fin de la humanidad…

—Todos somos creados por Dios y muchas pruebas he recibido de que así es. La vida terrenal no es más que un ciclo muy corto que el creador nos regala, para que disfrutemos y aprendamos para hacernos mejores y lleguemos a comprender al final, quiénes somos y hacia dónde vamos. Las siete trompetas habrán de tocar y se sucederán cataclismos, muerte y desolación; entonces   será cuando rindamos cuenta de quienes hemos sido y los sobrevivientes y resucitados irán a un nuevo orden de existencia sobre la tierra. Hay muchas pruebas de todo lo que se ha escrito en La Biblia; yo que he estudiado profundamente sobre ello durante toda mi existencia; estoy convencido.

—Jorge todo es cuestión de creer, todo se traduce en tener fe. Todos los escritos de ciencia, de filosofía y de religiones, están al alcance de toda la humanidad, y cada uno de los hombres y mujeres pueden escoger y conducirse en la forma que desee. Usted mismo Jorge sintió la muerte de su cuerpo, sin embargo, su alma quedó latente entre nosotros. El milagro está en que fue tocado por la mano de un ángel que sanó su cuerpo y lo encendió de nuevo dándole una nueva oportunidad, para trasladar el mensaje a todos los que necesitan saber de Dios. Ha llegado usted incluso a sanar a otros, porque en usted ha quedado durante un tiempo la remanencia de haber sido tocado por la mano divina. No crea que es el único al que le ha pasado esto, cómo le dije yo también he sentido una experiencia igual, y eso me sirvió para acrecentar aún más mi fe en Dios, y las ganas inmensas de ayudar al prójimo, y dar la comunión entre los hijos de Dios.

Se nos fueron las horas como si nada. Bernardino tiene una mente privilegiada y extraordinariamente lúcida. Yo diría que ha puesto su vida entera en el estudio y en su generosa ayuda a los demás.

Cuando dieron las 20:00 horas, nos despedimos de Bernardino, sin habernos dado tiempo a visitar por dentro aquel monasterio. El viaje de regreso se nos hizo más corto que el de ida, no podía quitar de mi mente cada una de las palabras que había pronunciado aquel santo anciano; lleno de sabiduría. En su rostro refleja bondad, y con su armoniosa y pausada voz nos ha inundado de paz, luz y serenidad.

Cap. 40.º. La esencia del ser humano.

Después de haber escuchado a estos genios, como escritor y como persona estoy convencido que estas lecciones me están sirviendo también a mí y me hace sacar conclusiones:

El ser humano tiene que estudiar, cuidar su intelecto y creatividad, ser un "yo" con personalidad propia y cada día alimentarse de vastos conocimientos, leyendo e investigando cada teoría; ser fiel y mantenerse en su creencia, en su objetivo intelectual y espiritual, en esa verdad, por la que se conduce en el camino de la vida terrenal.

Desde que nos formamos en el cuerpo de nuestra madre, nos alimentamos de ella, antes y después de nacer y somos sangre de su sangre y carne de su carne; y que de esa madre y padre recibimos su ADN, su naturaleza, la predisposición cerebral y conductual heredada genéticamente.
En el despertar a la vida terrenal cuando nacemos y por primera vez se llenan nuestros pulmones de aire, lloramos, quizá porque el instinto nos avisa de que nos encontramos más desprotegidos, nuestro cordón umbilical ha sido cortado, y la inseguridad de que más temprano que tarde, estaremos "solos" para tomar decisiones trascendentales que mediaticen y encaucen nuestra existencia.
Estamos tomando la esencia de nuestro ser, para colocarnos a vivir y a continuar la obra de los que tienen que morir. Nuestro cuerpo es joven, nuestra mente virgen; y el cuerpo de nuestros progenitores es viejo; pero con una mente cultivada a través de los años, y enriquecida de energía positiva, que suma en la evolución de nuestros predecesores.

A través del paso de los años, podemos mejorar día a día nuestro intelecto y   nuestras   acciones en la coherencia y en el   justo coexistir con nuestro entorno social, natural y espiritual. ¡Vaya ello mi respeto más absoluto!

 Crear   y engrandecer el alma, ser   parte   importante del   buen recuerdo en tu prole, y la   guía y el apoyo que consideres honrado a los que están despertando sus mentes y espíritus…No olvides que tus   hijos   crecen   de tu ejemplo e intentan emular tu comportamiento, tus gestos y hasta tu deseo de alcanzar sabiduría. Tener hijos lleva implícita la devoción a formarlos, a llevarlos de la mano y a darle alas para volar seguros. Tu comportamiento es directamente proporcional al suyo. Sus fracasos serán parte de tu fracaso y sus éxitos serán suyos en el progreso de su evolución, del que te debes sentir orgulloso.

 Algún día su intelecto es el que coja el testigo que tú has de soltar. Su seguridad se volverá inseguridad en ti, dejarás de ser el capitán para que ellos se transformen en tus ídolos, a los que te has de someter, una vez llegado a tus incapacidades, físicas y psicológicas.

 “Quita las piedras del camino que has tomado, sé paciente, tenaz y no cejes en el empeño de mantenerte sano de mente y cuerpo. Si   siembras amor, serás amado, Si impones respeto   serás respetado; si legas sabiduría serás recordado”

 Si no sientes temor a abandonar este   cuerpo   caduco; estarás preparado para que tu energía se convierta en algo infinito; de forma individual o de un cúmulo ordenado de energías sumadas, que queda en espera ahí para ser útil cuando se requiera... Lo demás es un   desasosiego enfermizo, porque nadie con cuerpo biológico terrenal tiene pruebas del más allá, del origen de los tiempos y del universo.

 Solo, “La esencia de tu ser”, lo entenderá…

Uno de los conceptos que interviene muy directamente en nosotros es: ***"La abstracción*** "que podemos definir como: Lo que no se puede percibir directamente a través de los sentidos, o sea, aquello que excluye lo concreto y se aleja del aspecto exterior de una realidad.

Con la ínfima capacidad de nuestros sentidos; no podemos razonar las muchas incógnitas que nos trae las dudas existenciales; hasta muchos animales algunos de los sentidos los tiene más agudizado que nosotros. El cociente intelectual del ser humano ronda por una media de 100 generalmente o quizás hasta menos, y nos dedicamos a presumir el porqué de los misterios. Cuando el hombre llegue a tener 500 o más de coeficiente intelectual, ya no tendrá dudas existenciales y eso llegará a ser con el paso de cientos de generaciones. Podría pasar también que pueda ser lo más probable es que el planeta Tierra, se destruya borrándose del universo

No hay nada absoluto, todo es relativo y es porque navegamos en la abstracción.

El ser humano es libre de tomar sus decisiones personales, y tener su propio criterio y pensamiento…; ya que tiene inherente la capacidad de poder elegir. ¿Qué es lo que deseo y me puede hacer más feliz?

Tenemos lo que se llama: "El principio del Libre Albedrío", que varía según el camino por el que deseamos conducir nuestra vida: Hay quien   se apoya en la religión, la ética, la ciencia…Son las decisiones que una persona puede y quiere tomar de *motu propio*, y ser responsable de su destino y consecuencias. Tan respetable es un científico, un filósofo, un religioso… Lo importante es tener respeto y honestidad, sin querer imponer a nadie sus criterios. Tenemos que ser conscientes de nuestras propias decisiones. El libre albedrío y las decisiones personales y unilaterales del hombre, es la que nos ha conducido a un destino más o menos incierto; a lo largo de la historia de nuestro mundo, nuestro planeta y sus civilizaciones. Se diferencia de la libertad en que conlleva la potencialidad de decidir incluso sin sopesar las   consecuencias. Aunque más grave, si es una persona con poder de gobierno o de religión, la de conducirnos como mundo, a la guerra y sus efectos, como dije a la destrucción de la vida y la naturaleza. Entre los humanos somos pocos los asépticos, casi todo lo que hacemos o inventamos para enriquecernos puede causar daño colateral. Incluso desde nosotros mismos como seres individuales de la raza humana, vamos exterminando las especies animales, vegetales, y vamos polucionando aquello de lo que nuestros hijos tendrían que respirar o alimentarse. El mundo morirá a manos de los humanos con sentimientos más destructores. Por una razón muy básica es que somos seres poco inteligentes y si no lo remediamos vamos al fin de nuestra era.

A la cabeza de esta depauperación del planeta estará China, no lo duden.

Otro concepto que yo expongo es:

LA NADA ABSOLUTA, como tantos han pregonado como la ausencia de un **TODO**, entiendo que no existe. Siempre hay algo por pequeño que sea y está sometido a   leyes físicas, cada algún tiempo se descubren partículas aún más pequeñas, porque el hombre con cada generación va desarrollando más inteligencia y una más alta tecnología para descubrir que dentro de los submundos existen los inframundos, así infinitamente. Para mi existen principios que van en paralelo y que son imprescindibles los dos, porque no existirían uno sin él otro: **LA MATERIA Y LA ENERGÍA.** Siempre que en el mundo haya materia habrá energía. Lo que defiendo es que LA NADA como precepto, debe ser erradicada de nuestras mentes, como se tiene que erradicar también que la energía de nuestro intelecto se pierda o se convierta en NADA, ¿Qué Nada? Si es que   la NADA no existe como energía o como matcria.

En todo caso la Nada es un concepto polisémico de la negación del Ser, definiéndolo como algo filosófico; pero, para mí, es un abstracto término literario para dejar en él receptor, la romántica idea de la triste soledad, en su forma más poética.

Quiero decir con esto, que detrás del cambio de la materia y la energía que contiene o produce, necesariamente tiene que dar lugar a otro algo basado en sus propios principios. Si la energía es grande en algo que sea pequeño, con más motivo es más probable que el resultado del cambio sea mucho mejor.

Cap. 44.º. El porqué de todo, está en ti.

No seamos obtusos, siempre hay que creer en algo, aunque algunos pregonan que ese algo, no existe. Yo creo en la fuerza del Universo, en el equilibrio y belleza de la naturaleza y en el principio de ser justo, digno y respetuoso con lo que se nos ha puesto a alcance, de nuestros sentimientos y nuestros sentidos: ojos, oídos, olfato, tacto, y nuestro gusto. Todos estos sentidos han sido creados con un fin, y ese es: que disfrutemos de la vida, de nuestro cuerpo, de los buenos sentimientos…y no para que ensuciemos y destruyamos eso que se nos ha brindado a raudales. Cuando llega la hora y nos encontramos con la Parca, se haya o no realizado las tareas que nos motivó a conducirnos hacia nuestras metas; sin remisión abandonamos nuestros cuerpos biológicos que encarcelan nuestra mente experimentada en la sabiduría por los años, y esa energía a la que llamamos alma… se libera. Llegado el momento, nuestro cordón astral se vuelve a romper, podemos volar y liberarnos de lo agudo del dolor, de la opresión y de estar sometidos probablemente a nuestro propio libre albedrío, nuestro propio yugo, o el de los demás humanos y, de la consciente esclavitud de nuestras propias maldades. Con esa libertad, regresamos a nuestro origen de la energía divina. El Dios en el que cree cada uno es universal. Lo importante es que vayamos convencido de lo que creemos por nosotros mismos, no por la imposición interesada de los manipuladores. De aquellos que se autoproclaman profetas o reyes de una verdad intangible.

De todo lo que nos llega a nuestra vida, si estamos atentos a buscarle el porqué, nos conduce a vaticinar nuestro destino, a ser quien somos o al recuerdo de los que quedan.

Si no estás satisfecho con esa suerte, trata de cambiarla con todas tus fuerzas; no seas conformista; siempre que tengas vida, puedes mejorar tu conocimiento y lo que te llene de ilusión.

Intenta alcanzar el máximo de energía, de sabiduría, de amor. Sí, no dudo en que puedes ser una persona escéptica en la religión y que no te atraiga la gran pregunta por saber qué pasa después de… Puedes ser joven y rechazas ese pensamiento o puedes ser viejo y poco inteligente; pero no te hará bien el no estar preparado para ello. Hasta los científicos se plantean en tener claro el concepto vida y muerte o muerte y vida. No es tan terrible, tan solo piensa que es una liberación y el cambio a otro status. No temas abrir tu corazón a quien te acompaña de la mano.

La vida no es que sea corta; más bien, es que tarde descubrimos lo que realmente importa.

Habría entonces que prepararse para el final. Podríamos ver a esa inexorable muerte como la que nos arranca todo. Pero si preparamos nuestro espíritu…, no se podrá obviar: el legado de nuestra experiencia, el recuerdo en quien nos ama, y el amor que hemos sido capaces de entregar a los demás.

Lo peor en la transición, es viajar acompañado de culpabilidad.

—Herminia hija, deseo que dejes abierta la puerta de la habitación y cambies la ropa de cama, pretendo que cualquiera de estas noches vuelva a dormir ahí. — Quiero terminar cosas que tengo pendiente. (Creo que, desde hace días, mi hija presiente en mí, cierta abulia). El rostro de mi hija se ensombreció de tristeza y con sus manos y su mirada me suplicaba que no pensara en cosas tristes, que ella estaba a mi lado y que yo le hacía mucha falta. Me hizo que cogiera el sombrero y el bastón y me llevó hacia la calle con la intención que me diera el aire y el sol.

Hacía una mañana espléndida. Me cogió del brazo y emocionada y orgullosa, presumía de padre. La gente por el paseo marítimo, nos saludaba sonriendo cariñosamente. Antiguos alumnos, profesores, pescadores…La fama que me había dado la madre de Luisito también se notaba. Es mi hija, les decía yo a los conocidos que me paraban… Entramos en una terraza cafetería desde donde casi podía tocar el agua del mar. Allí, según me contó mi hija, trabaja la madre del difunto Luisito. En cuanto que llegamos nos vio, noté como se iluminó su cara y me saludó queriendo besar mi mano, cosa que impedí. A Herminia la abrazaba y besaba. Llamó a una compañera suya para que me saludara y para decirle que yo era el ángel de quien le había hablado, me sonrojé por unos instantes. Me explicó que ya estaba puesta la lápida y que había quedado digna de un príncipe, de lo cual paradójicamente me alegré. —Don Santiago, aquí les traigo unas porciones de tarta de chocolate recién hecha, espero que la disfruten. Me alegra verlo con su hija por aquí. Hágalo más a menudo por favor, no se haga de rogar. — Gracias Francisca.-

Mi hija y yo, tomamos café y tarta tranquilamente, y estuvimos comunicándonos por señas durante largo rato. La verdad es que Herminia es una persona entrañable por lo cariñosa y sencilla de su forma de ser, y al mismo tiempo la noto cierta fragilidad; es por eso, que la dejaré una buena ṣuma de dinero para que no lo pase económicamente mal; aunque sé que Mario la trata bien. Ella en su tiempo de religiosa y por su minusvalía y gran timidez, estuvo acomplejada y se alejaba de las demás personas porque no se podía relacionar con fluidez. Tuvo un detalle el otro día que me quedé perplejo y es que ella estaba haciendo las faenas de la casa y yo me quedé dormitando en el sillón mientras tanto. Cuando desperté tenía de mi cuello colgada una cadena de oro con la imagen de la virgen de Fátima. También se dio cuenta de que yo me estaba despidiendo. Ya se había ido y encontré una nota en la que decía: — No te quise despertar Papá — Ella te protegerá" Besos. Verdaderamente se nota su buen corazón y el gran vacío que ha llenado, al tener el padre que siempre necesitó. Me quiere de verdad y va a sufrir bastante cuando me vaya. Hace unos días, fui a visitar la obra del panteón totalmente terminado, le di mi enhorabuena a Mario por el buen trabajo que había realizado; pero preferí no entretenerme más de lo necesario, pues me pongo muy triste. Después Herminia y yo nos fuimos a tener audiencia con el juez, que después de hacernos varias preguntas, firmamos la adopción y se me entregó el libro de familia. Justamente después, llevé a Herminia al banco para poner su firma en mis cuentas. Con mi editorial, en presencia de un   Notario le cedí los royalties de mis obras. Es mi hija con todas sus consecuencias y me alegro mucho de ello. Me sentí muy confortado con aquel paseo matutino. Me llevó a recoger un traje mío que tenía en el tinte y después hizo que me cortaran el cabello y arreglaran la barba. Me hizo sentir que no estaba solo, que tenía una familia que iba a estar pendiente de mí siempre y con amor. La verdad es que tenía olvidado esa sana costumbre en la que María   y yo, aprovechamos algunas mañanas para salir a dar un paseo, comprar en el mercado de abastos y en comercios o hacer algunas gestiones. Todos nos conocían en el barrio, incluso íbamos a bailar y divertirnos a las veladas, ferias, íbamos al Gran teatro, a la Casa Colón, a los conciertos ... ¡Qué distinto ha sido todo desde entonces! Nos entretenía charlar, tomando algún refrigerio con colegas profesores, antiguos alumnos o amigos cercanos.

Creo que, ha llegado el día. He decidido definitivamente, entrar a dormir en la habitación que he tenido condenada hasta ahora. Es dónde quiero morir. Sí, en el mismo camastro donde exhaló su último aliento.

Estoy harto de tomar pastillas, siento un dolor constante que a veces soporto y otras veces, tengo que tomar fuertes analgésicos para ayudarme a no tener que ingresar en el hospital. Además, sé que este cuerpo está muy acabado, y aunque tengo una posibilidad en las manos de Jorge, aunque intente la curación, no va a hacer que este gastado cuerpo rejuvenezca. Ahora más que nunca tengo la esperanza no solamente de reunirme con María sino también de deshacerme de los dolores y de las preocupaciones. Lo único que me afecta, es que con la muerte de mi cuerpo haga sufrir a mi hija Herminia. ¡A veces pienso, que si María supiera que tenemos una hija! Creo que eso la haría feliz…. Seguro que lo sabe…

Tengo la intención de reunirme contigo, es lo que anhelo…, necesito estar a tu lado…, voy en tu busca desde el sitio de tu partida, ya que será el mismo camino en el que me presente.

Esta noche será la noche, LA LLAMA AZUL será mi guía y destino.

Para la ocasión, como en un rito de preparación de una ansiada cita de reencuentro, aseo mi cuerpo, visto mi traje impoluto, calzo mis lustrados y cepillados zapatos, peino el cabello recién cortado, me engasto la última corbata que ella me regaló y me pongo el perfume que tanto le gustaba a mi esposa.

Estoy decididamente dispuesto para el baile.

Como cada noche; oigo las campanadas de las doce en mí fiel reloj de péndulo, y sin pensar, como tengo por costumbre le doy cuerda.

Aquí no se acaba el tiempo.

Dejo apilados y ordenados los folios de la novela, listos para ser editados y leídos...

Tomo sin pensarlo, las suficientes píldoras para dormir… Corren lágrimas por este mi anciano y lánguido rostro. Aprieto con mi amarillento dedo el tabaco dentro de la pipa, enciendo un fósforo…

Dedico desde la ventana totalmente abierta, una profunda e intensa mirada a la inmensidad del mar y entre calada y calada, respiro la brisa marina con inusual agonía. Tomo entre mis cansados dedos, a aquella que tantas horas le robó a mi esposa: "Mi querida pluma", la beso en mi despedida y casi sin poder ver el papel, escribo las últimas letras en una tinta que se mezcla con lágrimas.

Me faltan las fuerzas.

Mis párpados no pueden soportar su peso.

Mis piernas tiemblan como junco movido por el viento…

Siento suavemente su mano en mi temblorosa mano que me lleva hacia nuestra cama.

¡Sí amor, tranquila, vamos…!

PERSONAJES.

Santiago Rodríguez.............................…..…..1º Protagonista.

Jorge González.......................................…...2º Protagonista.

Herminia ....Hija adoptiva de Santiago.

Rebeca Martínez............................Doctora. Pareja de Jorge.

María.................................... . .Esposa difunta de Santiago.

Ana..…….Ex esposa de Jorge.

Carlos ....…...Pareja de Ana.

Patricia y Elena...................................…....Hijas de Jorge.

Sara..................….....................……Vendedora de cupones.

Luis Garrido......................................…Médico cardiólogo.

Tamara...…..…........Enfermera.

José...…….Gerente de Fábrica.

Julián...…..Jefe de Producción.

Carmen..…..…..Recepcionista fábrica.

Víctor Humanes.................................……...….Biólogo.

Genaro...…Vecino de Jorge.

Emilia Reverte ....…....Testigo accidente.

Esteban Rubiales..........................…........Director General fábrica.

Romualdo...................................…...........Dueño del bar "Pescador."

Luisito...…..Niño pescador.

Francisca ....…...Madre de Luisito.

Amelia..……Empleada de Humanes.

José...,,,............Veterinario.

Mario...Sepulturero.

Ricardo Morán..Psicólogo.

Bernardino.. ….....Teólogo.

Manuel Holgado...................................….. Supermercado.

Rocky.. …..perro de Jorge.

Campeón.. . .perro de Víctor.

Y varios más...

José Manuel Fernández Mejías.

Huelva, agosto del 2018.